dtv

dtv

portrait

Herausgegeben von Martin Sulzer-Reichel

Joachim Hoell, geboren 1966, studierte Germanistik und Lateinamerikanistik und promovierte über Ingeborg Bachmann und Thomas Bernhard. Er lebt als Autor und Literaturwissenschaftler in Berlin. In dieser Reihe liegt von ihm der Band ›Thomas Bernhard‹ vor.

Ingeborg Bachmann

von Joachim Hoell

Deutscher Taschenbuch Verlag

Weitere in der Reihe **dtv portrait** erschienene Titel
am Ende des Bandes

Danksagung

Besonderen Dank schulde ich Isolde Moser für die Gespräche über ihre Schwester, den Abdruck von unveröffentlichten Tagebuchblättern, Briefen und Nachlassblättern sowie das zur Verfügung gestellte Bildmaterial. Mein Dank gilt auch Heinz Bachmann und weiteren Erben. Beratung und Korrektur: Anke Bennholdt-Thomsen, Hajo Eickhoff, Angelica Germis, Christina Gräwe, Constanze Hagelberg, Klaus Hoell, Christine Koschel, Doris Paschiller, Guido Rademacher, Jens-Uwe Tillmanns und Inge von Weidenbaum.

Originalausgabe
Juni 2001

www.dtv.de

Umschlagkonzept: Balk & Brumshagen
Umschlagfoto: © Ingeborg Bachmanns Erben
Satz und Layout: Agents – Producers – Editors, Overath
Druck und Bindung: APPL, Wemding
Gedruckt auf säurefreiem, chlorfrei gebleichtem Papier
Printed in Germany ISBN 3–423–31051–0

Inhalt

1 Ingeborg Bachmann, 1962

»Mythenreiche Vorstellungswelt meiner Heimat« Kärnten: Kindheitslandschaft

Klagenfurt mochte sie nicht. Ingeborg Bachmann verlässt mit 19 Jahren für immer die Stadt ihrer Kindheits- und Jugendjahre. Als ihre eigentliche Heimat empfindet sie den Herkunftsort des Vaters, das an der österreichischen Grenze zu Slowenien und Italien gelegene Obervellach im Gailtal, wo sie oft die Ferien verbrachte. »Ich glaube, daß die Enge dieses Tals und das Bewußtsein der Grenze mir das Fernweh eingetragen haben. … Im Grunde beherrscht mich noch immer die mythenreiche Vorstellungswelt meiner Heimat, die ein Stück wenig realisiertes Österreich ist, eine Welt, in der viele Sprachen gesprochen werden und viele Grenzen verlaufen«, so Bachmann in ›Biographisches‹ (1952). Dieser Grenzraum nimmt von den frühen literarischen Versuchen bis zu den späten Texten einen exponierten Platz ein – als geschichtsträchtige Kindheitslandschaft.

Als Ingeborg Bachmann am 25. Juni 1926 in Klagenfurt geboren wird, liegt der Zusammenbruch des Habsburgerreiches erst wenige Jahre zurück. Kärnten ist nunmehr das südlichste Bundesland Österreichs und aus dem Zentrum der Großmacht an die Peripherie des Kleinstaates gerückt. Die Kärntner erfahren den Zerfall der Monarchie im Jahr 1918 besonders deutlich. Als südlichster Vorposten des Deutschtums schlagen sie im »Abwehrkampf« die jugoslawischen Gebietsansprüche zurück. In einer Volksabstimmung entscheidet sich im Oktober 1920 die Bevölkerung in Südkärnten – Deutschösterreicher

Man müßte überhaupt ein Fremder sein, um einen Ort wie Klagenfurt länger als eine Stunde erträglich zu finden, oder immer hier leben, vor allem dürfte man nicht hier aufgewachsen sein und ich sein und dann auch noch wiederkommen.

Aus einem Brief an Uwe Johnson (25. Juli 1970)

und Slowenen – für den Verbleib bei Österreich. Nachdem die Waffen ruhen, schwelt der Nationalitätenstreit weiter. Noch heute nehmen die wenigsten Bewohner die Landes-, Volks- und Sprachgrenzen in Kärnten als Bereicherung wahr.

Der Vater, Matthias Bachmann (1895–1973), stammt aus dem 90 km westlich von Klagenfurt gelegenen Obervellach bei Hermagor und ist das jüngste von fünf Kindern einer alteingesessenen Bauernfamilie. Die Familiengenealogie des Vaters geht auf protestantische Zuwanderer aus Bayern zur Zeit der Bauernkriege zurück. Die Mutter, Olga Bachmann (1901–98), geborene Haas, stammt aus Heidenreichstein in Niederösterreich, wo ihre Familie einen Betrieb für Strickwarenproduktion besitzt. Matthias Bachmann wird in Klagenfurt zum Volksschullehrer ausgebildet. Der Erste Weltkrieg, aus dem er als Offizier zurückkehrt, unterbricht seine Ausbildung. Anschließend findet er in Mauthen, in der Nähe seines Heimatortes, eine Anstellung als Lehrer, 1923 wechselt er nach Klagenfurt. Dort lernt er Olga Haas kennen, die im Stoffgeschäft eines Geschäftspartners ihres Vaters als Verkäuferin arbeitet; ihre musischen Neigungen – Theater und Gesang – wurden von ihrer Familie nicht weiter unterstützt. Die Hochzeitsreise von Matthias und Olga Bachmann im Jahr 1925 führt per Fahrrad nach Venedig, denn zu Italien fühlen sich beide hingezogen. Matthias Bachmann hatte während seiner Ausbildung zum Lehrer einige Zeit in Siena verbracht und unterrichtet – neben mehreren naturwissenschaftlichen Fächern –

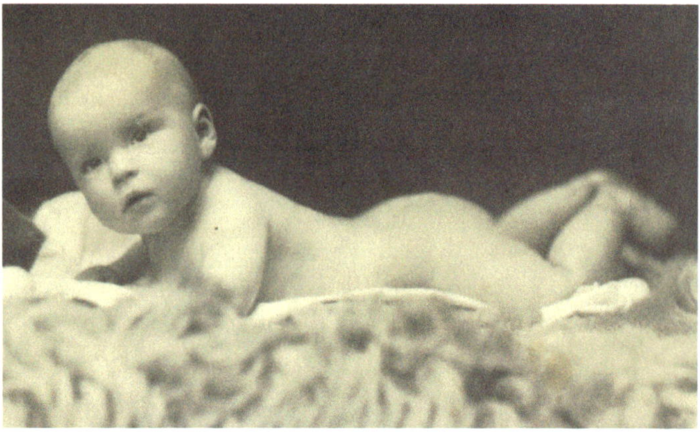

Italienisch. Später wird er lange Jahre eine Klagenfurter Hauptschule als Direktor leiten.

Ingeborg Bachmann wird im Klagenfurter Landeskrankenhaus geboren. Sie ist das erste Kind der Bachmanns, zwei Jahre später kommt die Schwester Isolde zur Welt. Die Familie wohnt die ersten Jahre in einer kleinen Wohnung in der Durchlaßstraße 5 an der Peripherie von Klagenfurt. »Man ist aus den Dörfern gekommen, weil die Höfe zu klein wurden, und hat am Stadtrand eine Unterkunft gesucht, wo sie am

3 Der Vater Matthias Bachmann (1895–1973) als Soldat, 1916 mit der Familie in Obervellach

4 Die Mutter Olga Bachmann, geb. Haas, 1924 (1901–98)

◀ 2 Weihnachten 1926

5 Durchlaßstr. 5 in Klagenfurt, Wohnhaus von 1926 bis 1933

billigsten war.« In ›Jugend in einer österreichischen Stadt‹ aus dem Erzählband ›Das dreißigste Jahr‹ (1961) schildert Ingeborg Bachmann eine exemplarische Sozialisation in diesen Jahren. Sie bezeichnet die Erzählung in einem Interview »als Gegenstück zu einer autobiographischen Skizze«, räumt aber ein, »mit Hilfe von Erinnerungsaufnahmen, die zwangsläufig die meinen sein müssen, in diese Hohlwelt [zu] gehen, die die Welt für Kinder ist«. Ein Widmungsexemplar – »Für meine Schwester, für Isi, aufbewahrt. Ingeborg 1959« – verdeutlicht, wessen Erinnerungsbilder darin aufbewahrt sind. »In dem Mietshaus in der Durchlaßstraße müssen die Kinder die Schuhe ausziehen und in Strümpfen spielen, weil sie über dem Hausherrn wohnen. Sie dürfen nur flüstern und werden sich das Flüstern nicht mehr abgewöhnen in diesem Leben. In der Schule sagen die Lehrer zu ihnen: Schlagen sollte man euch, bis ihr den Mund auftut. Schlagen ... Zwischen dem Vorwurf, zu laut zu sein, und dem Vorwurf, zu leise zu sein, richten sie sich schweigend ein.« Diese ersten Jahre in dem Haus mit dem unfreundlichen Vermieter scheinen nicht unbelastet gewesen zu sein, denn auch in dem Entwurf aus dem Nachlass, ›Versuch einer Autobiographie‹ (um 1965), betont sie das Bleierne dieser Zeit: »Diese Durchlassstraße, obwohl ich

Der grosse Einschnitt ist die Uebersiedlung ins eigene Haus. Die erste Nacht auf den Kisten, kein elektrisches Licht, wir alle aber mutig, weil mein Vater ausser sich gewesen sein muss vor Freude. ... Die Sparsamkeit meiner Eltern ... Erst später die Bewunderung dafür, die Konsequenz, in vieler Hinsicht könnte man unsere Erziehung vorbildlich nennen, der Mangel an Luxus, aber nicht an Freude, nie ein ordinäres Wort, fast keine Spielsachen, keine Verwöhnung, keine Hilfe in Schuldingen, keine Beachtung der Noten.

Aus ›Versuch einer Autobiographie‹ (Nachlass, um 1965)

sie mit sieben Jahren verlassen habe, ist mit schweren ältesten Erinnerungen beladen.«

Im Jahr 1933 kaufen die Eltern ein kleines Reihenhaus, Henselstraße 26 im Stadtteil Kreuzbergl. »Eines Tages ziehen die Kinder um in die Henselstraße. In ein Haus ohne Hausherr, in eine Siedlung, die unter Hypotheken zahm und engherzig ausgekrochen ist. … Es ist kein Geld im Haus. Keine Münze fällt mehr ins Sparschwein.« Die Schulden für das Eigenheim belasten die Familie, dafür ist die Wohnlage besser, und sie »sind Besitzer eines Gartens geworden, in dem vorne Rosen gepflanzt werden und hinten kleine Apfelbäume und Ribiselsträucher. Die Bäume sind nicht größer als sie selber, und sie sollen miteinander groß werden.« Ein Jahr vor dem Umzug wurde Ingeborg Bachmann eingeschult. »In der Bismarckschule eine nicht angenehme Banknachbarin mit Läusen. Sehr gutes Zeugnis, selbst aber keine Erinnerung, weiss nicht, ob ich gern hinging oder nicht, die Erinnerungen bleiben aufs Zuhause konzentriert.« Das neue Haus mit Garten und das harmonische Familienleben stellen auch für ihre Schwester die zentralen Erinnerungen an diese Jahre dar. Die beiden Mädchen hätten wenig Zeit mit Freundinnen verbracht und meistens miteinander gespielt. Mit den Eltern unternimmt man im Sommer Ausflüge an die Seen, im Winter in die Berge zum Ski fahren. Vom Vater wollte Ingeborg schon als kleines Mädchen italienische Wörter

6 Henselstr. 26, Wohnhaus der Familie seit 1933

7 Im Strandbad Krumpendorf, Wörthersee bei Klagenfurt. »Krumpendorf war für mich der schönste Badeort, ... dass wir dort oft den ganzen Tag verbrachten und kalte Schnitzel assen und harte Eier.« (Aus ›Versuch einer Autobiographie‹, Nachlass, um 1965)

hören, die sie dann nachsprach; richtig lernte sie die Sprache jedoch erst, als sie nach Italien zog. Von der Mutter, die gerne ins Kino geht – der Filmvorführer wohnt über Jahre zur Untermiete im Haus der Bachmanns –, lassen sich die beiden Töchter haarklein die Filme nacherzählen. Es sei eine kleinbürgerliche Idylle und wohlbehütete Kindheit gewesen, so die Schwester Isolde.

Dass über diese Kindheitsjahre – ebenso wie über andere Lebensabschnitte – nur spärliche Informationen existieren, liegt auch an Ingeborg Bachmanns Vorsicht, über sich selbst Auskunft zu geben. »Angaben zur Person sind immer das, was mit der Person am wenigsten zu tun hat«, erklärt sie 1971 einem Interviewer auf die Frage nach ihrer Herkunft. Sie ist in Interviews persönlichen Erkundigungen ausgewichen und gegenüber Freunden reserviert gewesen. Mitteilungen über Persönliches und Intimes beruhten auf der stillschweigenden Übereinkunft des Vertraulichen, sie hat auch das ihr Anvertraute mit Diskretion behandelt.

Seit sie im Rampenlicht der Öffentlichkeit stand, ist das Interesse an ihrer Person groß gewesen. Ingeborg Bachmann war hellhörig für die Bedrohung, die im Aufdecken und Fixieren

Aufgaben: Unter- und Oberlängen, steilschriftig, Übungen im Horizontgewinn und Traumverlust, auswendig Gelerntes auf Gedächtnisstützen. In der Ausdünstung von Ölböden, von ein paar Hundert Kinderleben, Zwergenmänteln, verbranntem Radiergummi, zwischen Tränen und Tadel, Eckenstehen, Knien und unstillbarem Schwätzen sind zu leisten: ein Alphabet und das Einmaleins, eine Rechtschreibung und zehn Gebote.

Aus ›Jugend in einer österreichischen Stadt‹ (1961)

der privaten Sphäre liegt, denn in dem von Männern dominierten Literaturbetrieb der fünfziger Jahre entzündeten sich an ihr die Phantasien. Vor ihrem literarischen Durchbruch im Jahr 1953, als sie den Preis der Gruppe 47 erhält, ist sie bereits Vorlage für eine Romanfigur: Auch wenn Hans Weigels ›Unvollendete Sinfonie‹ (1951) keine große Beachtung fand, macht Bachmann erstmals die Erfahrung, wie aus Privatem Öffentliches wird. Eine Titelgeschichte im Wochenmagazin ›Der Spiegel‹ im Jahr 1954 markiert den Anfang einer journalistischen Berichterstattung, die auf das Frauenklischee hinter der Literatin zielt. Nachdem Max Frisch in ›Mein Name sei Gantenbein‹ (1964) Intimes aus der gemeinsamen Beziehung verarbeitet hat und Bachmann zudem gewaltig unter der Trennung leidet, schreibt sie zurückgezogen an ihrem Romanzyklus ›Todesarten‹. Eine der Todesarten der weiblichen Figuren ist die literarische Ausschlachtung ihrer Person. Nach Bachmanns Tod im Jahr 1973 findet diese Ausbeutung in Nachrufen, Portraits und Erinnerungen weiter statt. Legenden und Mythen, die den Zugang zu Leben und Werk behindern, umranken sie noch immer.

Uwe Johnson hat in ›Eine Reise nach Klagenfurt‹ (1974) eine diskrete Annäherung an die Freundin gesucht. Wenige Tage nach Bachmanns Beerdigung in Klagenfurt unternimmt er eine Spurensuche

8 Juli 1934, letzter Schultag am Ende der zweiten Volksschulklasse

Ich glaube, ich bin wirklich unfähig, jemand zu verachten, aber ich fühle mich von ihnen manchmal bedroht, gestört und trete den Rückzug an. Fragt sich, warum ich mich bedroht fühle, wenn ich nichts Schlechtes von ihnen denke? Denke oft darüber nach, warum ich mich vor allem von Freunden bedroht fühle.

Aus ›Versuch, klar zu sehen‹ (Nachlass, sechziger Jahre)

in ihrer Heimatstadt, die ihn an den Schauplätzen von Bachmanns ›Jugend in einer österreichischen Stadt‹ entlangführt. Er stellt der Erzählung historische Zeugnisse gegenüber, zitiert aus anderen Texten und aus Briefen Bachmanns und gibt auf diese Weise einen Einblick in ihre prägenden Klagenfurter Jahre. Das Biografische unterläuft er bewusst, wie aus einem Brief an Hannah Arendt hervorgeht: »Was Frau Bachmanns privates Leben angeht, so hätte ich mir nicht vorstellen können, darauf hinzudeuten. … Es ist wahr, sie hat mir etwas gezeigt, Trennungen, Aussichten auf Heirat, dergleichen. Aber sie hat es mich bloss sehen lassen, es war for my eyes only, das blieb grundsätzlich abgemacht. Es blieb ja auch sicher, was sie von einem erfahren hatte. Die Gesten unserer Freundschaft haben sich fortgesetzt in diesem Buch, da war also ein ›Weitersagen‹ undenkbar.« Johnson war sich bewusst, dass daraus kein lebendiges Bild von Bachmann entstehen kann. »Zwar war die Folge, dass die Sache nun etwas kahl aussieht.«

Viele von Bachmanns Frauenfiguren verleiten durch Parallelen zu ihr selbst, vom Werk aufs Leben und vom Leben aufs Werk zu schließen. Ihre Literatur geht zwar von persönlichen Erfahrungen aus, beschränkt sich aber nicht darauf. Durch jede Arbeitsstufe gewinnen Bachmanns Texte einen weiteren Grad an Abstraktion und entfernen sich zunehmend vom Biografischen. Sie selbst arbeitete daran, die Nabelschnur zwischen Leben und Werk zu durchtrennen und verurteilte derartige Kurzschlüsse. Über einen angemessenen Umgang mit Hinterlassenschaften weist sie in ›Malina‹ hin, indem sie die Trennung von Privatem und Öffentlichem fordert. Das

9 Die Familie im Jahr 1934

weibliche Ich sucht vor dem endgültigen Verschwinden ein geeignetes Versteck für seine Briefe. »Ich möchte das Briefgeheimnis wahren. Aber ich möchte auch etwas hinterlassen.« Ein Kommentar, der sich an alle Leser und Interpreten wendet: Sofern die Intimsphäre gewahrt bleibt, darf das Leben erkundet werden.

Die beiden dezidiert autobiografischen Texte, ›Biographisches‹ und ›Versuch einer Autobiographie‹, hat sie nicht publiziert, und in der Erzählung ›Jugend in einer österreichischen Stadt‹ drängt sie die ersten zwei Lebensjahrzehnte »der Kinder« auf wenigen Seiten zusammen. In der Erzählung beschreibt sie eine repräsentative Jugend in einer österreichischen Provinzstadt, in den autobiografischen Versuchen erinnert sie an das ländliche Obervellach. »Wir lernten früh schwimmen, in Vellach hatten wir Freiheiten, die wir in der Stadt nicht hatten, wo wir immer zuhause waren.« Die Bindung zu Obervellach bleibt sehr eng, da die Familie im »Auszugshaus« des großväterlichen Hofes oft die Ferien verbringt. Zumeist fahren die Eltern mit dem Fahrrad die knapp 100 km von Klagenfurt nach Obervellach, »die Eltern hatten je eines der Kinder auf der Stange oder auf dem Kindersitz mit«. Als Ingeborg zu groß für diese Art des Transportes geworden ist, wird sie mit einem Schild um den Hals, auf dem der Bestimmungsort vermerkt ist, allein in den Zug gesetzt. Obwohl sie auch regelmäßig die Großeltern mütterlicherseits besuchen, erwähnt Ingeborg Bachmann die Mutter und deren Familiengeschichte kaum. An den Vater, seinen Herkunftsort und seine Genealogie, erinnert sie hingegen in ihrem Werk häufig.

10 Mit der Schwester Isolde (*1928)

Die Familie von Matthias Bachmann gehört den Deutsch sprechenden Kärntnern im Gailtal an. Dort leben auch die Windischen, eine in Kärnten geläufige Bezeichnung für die assimilierten Slowenen in den Grenzgebieten. In ›Biographisches‹ hebt Bachmann diese Melange aus Kultur und Sprache der verschiedenen Volksgruppen hervor. »Ich habe meine Jugend in Kärnten verbracht, im Süden, an der Grenze, in einem Tal, das zwei Namen hat – einen deutschen und einen slowenischen. Und das Haus, in dem seit Generationen meine Vorfahren wohnten – Österreicher und Windische –, trägt noch heute einen fremd klingenden Namen. So ist nahe der Grenze noch einmal die Grenze: die Grenze der Sprache – und ich war hüben und drüben zu Hause, mit den Geschichten von guten und bösen Geistern zweier und dreier Länder; denn über den Bergen, eine Wegstunde weit, liegt schon Italien.« In dieser Skizze betrachtet sie den kleinen Grenzraum ihrer Kindheit als Mikrokosmos des Habsburgerreiches. Auf der altösterreichischen Landkarte gehörten das jugoslawische Slowenien und das italienische Friaul zum Vielvölkerstaat der kaiserlich-königlichen Monarchie Österreich-Ungarns. In den Friedensbestimmungen nach dem Ersten Weltkrieg wurde das Riesenreich in Kleinstaaten aufgeteilt, deren Grenzregelungen noch heute für Konflikte sorgen. Der politische Zündstoff ist auch kulturell immer explosiv gewesen. In der österreichischen Literatur des 20. Jahrhunderts nimmt die k.u.k.-Zeit einen großen Raum ein, wofür sich der Begriff des »Habsburgischen Mythos« etabliert hat.

Ingeborg Bachmann setzt sich in ihrem Werk wiederholt mit diesem politisch-kulturellen Komplex auseinander. In der 1943 entstandenen Jugenderzählung ›Das Honditschkreuz‹ – mit den Schauplätzen Obervellach und Hermagor im Gailtal – zeigen die Bilder der Heimat nur wenige Risse. Die Gedichte

Die Windischen leben im Gailtal, ebenso wie überall im Süden Kärntens inmitten von Deutschen, sie haben ihre eigene Sprache, die weder von Slowenen noch von Deutschen so richtig verstanden wird. Mit ihrem Dasein ist es, als wollten sie die Grenze verwischen, die Grenze des Landes, aber auch der Sprache, der Bräuche und Sitten. Sie bilden eine Brücke, und ihre Pfeiler sitzen gut und friedlich drüben und herüben.

Aus ›Das Honditschkreuz‹ (1943)

11 Das Dreiländereck Österreich, Slowenien und Italien

der fünfziger Jahre zeugen dagegen von einer kritischen Auseinandersetzung mit der Heimat. In ›Anrufung des Großen Bären‹ (1956) lässt das mehrteilige Gedicht ›Von einem Land, einem Fluß und den Seen‹ an ihre eigene Kindheitslandschaft denken. Ein Jahrzehnt nach dem Ende des Zweiten Weltkrieges ist die ländliche Idylle allerdings mit Bildern von Schlachtungen und Leichen durchsetzt: »Und einen Blutsturz später: Wangenflecken – / die erste Scham, weil Schmerz und Schuld bestehn / und Eingeweide ausgenommener Tiere / in Zeichen erster Zukunft übergehn; / weil süßem Fleisch und markgefüllten Knochen / ein Atem ausbleibt, wo der deine geht.« Der Raum eines harmonischen Zusammenlebens vieler Völker ist zerstört, eine friedliche Koexistenz kann nur noch als Idee Bestand haben.

Im Spätwerk, den bis auf den Roman ›Malina‹ (1971) unabgeschlossenen Texten des ›Todesarten‹-Zyklus, wird das Drei-

---

Claudio Magris: ›**Der habsburgische Mythos in der österreichischen Literatur**‹ (1963, dt. 1966). In der Zwischenkriegszeit, nach dem Zerfall des Reiches (1918) bis zum »Anschluss« (1938), habe sich eine wehmütige Atmosphäre der Erinnerung an die ruhmreiche Geschichte in Österreich gebildet. Joseph Roth und Robert Musil seien als Kritiker und Beschwörer der Monarchie die würdigsten Vertreter des Habsburgischen Mythos.

ländereck Österreich, Slowenien und Italien für einige Figuren zum verlorenen Herkunftsort. Das weibliche Ich in ›Malina‹ stammt wie die Titelfigur aus ›Der Fall Franza‹ aus diesem Gebiet. Franzas Nachname Ranner nimmt direkt Bezug auf den Hof von Ingeborg Bachmanns Großvater, »unser Haus heisst ›Tobai‹ und es hat uns früher der Rannerhof gehört, der oberhalb des Dorfes lag«, so im ›Versuch einer Autobiographie‹ (die Hauptfigur einer frühen Stufe der ›Todesarten‹-Romane heißt Eugen Tobai). Die Landschaft von Bachmanns Kindheit erhält in den ›Todesarten‹ einen bedeutungsvollen Kunstnamen: Galicien. In Kärnten gibt es zwar ein Gallizien, unweit von Klagenfurt, jedoch keinen Ort in Bachmanns Schreibweise. Sie verknüpft den kleinen Ort Gallizien mit dem ostpolnischen Galizien, der Provinz an der äußersten Grenze des Habsburgerreiches, die der von ihr geschätzte Joseph Roth in seinem Werk als eindrückliche Landschaft der Kindheit inszeniert. Im »Galicien-Mythos« beschwört Bachmann ein Utopia in den ehemaligen Grenzen des Habsburgerreiches, das auch eine idealisierte Kindheitslandschaft ist; das Eingangskapitel von ›Der Fall Franza‹ ist überschrieben mit ›Heimkehr nach Galicien«.

In der Erzählung ›Drei Wege zum See‹ aus ›Simultan‹ (1972) kommt das ambivalente Verhältnis gegenüber dieser Heimat zum Ausdruck. Elisabeth Matrei, die Züge von Bachmann trägt, unternimmt eine Reise zu ihren Kindheitsorten in Kärnten. Doch so wie die titelgebenden Wege nicht mehr zum Kindheitssee führen, ist auch die Kindheit wortwörtlich verbaut. Einzig das Bewusstsein der nahen Grenzen ruft ihr wach, was sie überall in der Welt zu einer Fremden macht: Ihre Empfindlichkeit, weil sie von der Peripherie kommt und daher »ihr Geist, ihr Fühlen und Handeln hoffnungslos diesem Geisterreich von einer riesigen Ausdehnung« gehört. »Sie nahm

Galicien …, das niemand außer mir kennt, das anderen Menschen nichts bedeutet, von niemand besucht und bestaunt wird, geriet immer genau auf den Federstrich der Stabskarten der Alliierten, … die Grenze liegt nur wenige Kilometer davon, auf den Bergen, und im Sommer 1945 fiel die längste Zeit keine Entscheidung, ich war dorthin evakuiert, riet hin und her, was in Zukunft aus mir werden würde, ob man mich zu den Slowenen nach Jugoslawien zählen würde oder zu den Kärntnern nach Österreich. … Galicien wäre natürlich Galicien geblieben. *Aus ›Malina‹ (1971)*

das Dreiländereck ins Aug, dort drüben hätte sie gerne gelebt, in einer Einöde an der Grenze, wo es noch Bauern und Jäger gab …, ihre Moral kam von hier und nicht aus Paris und hatte nichts zu tun mit New York und kaum etwas mit Wien« – ein Bewusstseinsort ist Galicien.

Bachmanns Werk ist angefüllt mit Erinnerungen an diese Gegend. Kärnten ist die mythisch aufgeladene Landschaft der Kindheit. Es ist eine utopische Gegenwelt zu den geschichtlichen Katastrophen, von denen auch Ingeborg Bachmann bald erfasst wird.

Kärntner Landeshymne

4. Strophe, seit 1920
»Wo Mannesmut und Frauentreu
Die Heimat sich erstritt auf's neu,
Wo man mit Blut die Grenze schrieb
Und frei in Not und Tod verblieb;
Heiljubelnd klingt's zur Bergeswand:
Das ist mein herrlich Heimatland.«

5. Strophe, hinzugefügt am 10. April 1938
»O Kärntner Heimat, treues Land,
Du Kind, das heim zur Mutter fand:
Die Fessel sprang – das Eis zerrann,
Der deutsche Frühling brach dir an!
›Ein Volk, ein Reich, ein Führer!‹ schallt
Das deutsche Glück durch Berg und Wald.«

»Frühe Dunkelhaft« Klagenfurt: Gewalt der Geschichte

Auf den Straßen ziehen Kolonnen von Marschierenden. Die Fahnen schlagen über den Köpfen zusammen. ›... bis alles in Scherben fällt‹, so wird gesungen draußen. Das Zeitzeichen ertönt.« Für die Kinder in ›Jugend in einer österreichischen Stadt‹ brechen bedrohliche Ereignisse in ihr Leben ein: »Es gibt genug Scherben für Himmel und Hölle«, heißt es über das Kinderspiel, »aber die Kinder schlottern, weil sie durchnäßt sind und frieren.« Das anfängliche Unverständnis der geschichtlichen Vorgänge schlägt in ein hoffnungsloses Ausgeliefertsein um. »Die Kinder haben keine Zukunft. Sie fürchten sich vor der ganzen Welt.«

Nachdem Österreich am 13. März 1938 mit dem »Anschluss« an Hitlerdeutschland seine Souveränität verloren hat, überschlagen sich die Geschehnisse: In derselben Nacht rückt die Deutsche Wehrmacht in Österreich ein, tags darauf hält Adolf Hitler vor einer fanatischen Menge eine Rede auf dem Wiener Heldenplatz. In den nächsten Wochen wird Österreich systematisch nazifiziert. Zu Hitlers letzten Zielen auf seinem Triumphzug durch Österreich gehört Klagenfurt, wo er am 5. April unter riesigem Jubel empfangen wird.

In einem Interview im Jahr 1971 erzählt Bachmann der Journalistin Gerda Bödefeld: »Es hat einen bestimmten Moment gegeben, der hat meine Kindheit zertrümmert. Der Einmarsch von Hitlers Truppen in Klagenfurt. Es war etwas so Entsetzliches, daß mit diesem Tag meine Erinnerung anfängt: durch einen zu frühen Schmerz, wie ich ihn in dieser Stärke vielleicht

---

In den Abendstunden bot die Stadt ein noch nie gesehenes Bild. Zu Zehntausenden zogen die Volksgenossen aus dem ganzen Lande durch die Straßen. Viele Tausende trugen die uralten Trachten des Landes. Gesang und Lachen, Musik und begeistertes Erzählen überall, das war das Bild eines frohen, glücklichen Volkes. Am Abend scharte sich eine zu Tausenden zählende Menge um das Hotel Sandwirt, die in Sprechchören das Erscheinen des Führers erbat. Der Führer trat immer wieder auf den Balkon oder an ein Fenster und dann war des Jubels kein Ende. *›Kärntner Tagblatt‹ (6. April 1938)*

später überhaupt nie mehr hatte. Natürlich habe ich das alles nicht verstanden in dem Sinn, in dem es ein Erwachsener verstehen würde. Aber diese ungeheure Brutalität, die spürbar war, dieses Brüllen, Singen und Marschieren – das Aufkommen meiner ersten Todesangst. Ein ganzes Heer kam da in unser stilles, friedliches Kärnten ...«

Diese Erinnerung gilt als Bachmanns Kernaussage zum Nationalsozialismus, in der das Schreiben über Faschismus und Krieg eine Erklärung findet. Es ist als früh erwachtes politisches Bewusstsein (Hans Höller) oder als späteres Bewusstwerden geschichtlicher Traumata (Sigrid Weigel) gelesen worden. Allerdings war Ingeborg Bachmann am Tag des »Anschlusses« mit der gesamten Familie für eine Woche in einem Skikurs, bei Hitlers Einmarsch in Klagenfurt lag sie mit Diphtherie im Krankenhaus. Auch wenn sie den Einmarsch nicht unmittelbar miterlebt hat, konnten ihr die wochenlangen Feierlichkeiten nicht verborgen bleiben, zudem mag der akustische Eindruck der marschierenden Massen beängstigend für sie gewesen sein. Doch dass Kärnten still und friedlich gewesen sei, mag die Elfjährige im Jahr 1938, aber nicht die Erwachsene im Jahr 1971 geglaubt haben. Denn Kärnten war eine Nazi-Hochburg. Und das wusste Ingeborg Bachmann, war doch ihr Vater zu einem frühen Zeitpunkt Mitglied der NSDAP geworden.

Matthias Bachmann tritt – laut Auskunft des Bundesarchivs in Berlin – am 2. Mai 1932 in die NSDAP ein: Ortsgruppe Anna-

12 Hitler besucht Klagenfurt nach dem Einmarsch deutscher Truppen in Österreich, hier beim Abschreiten einer Front der Kärntner SA nach seinem Eintreffen auf dem Bahnhof der Stadt.

bichl, Bezirk Klagenfurt, Gau Kärnten. Sein Mitgliedsausweis wird am 11. Juni 1932 ausgestellt. Wenige Tage vor seinem Beitritt, am 24. April, hat die NSDAP bei Landtagswahlen in Kärnten und vier weiteren Bundesländern einen Stimmenanteil von 16 % erreicht. Nationalsozialisten ziehen in die Landtage ein und stellen Bürgermeister in den Gemeinden. Auch wenn die Partei ein Jahr später in Österreich verboten werden sollte und bis zum »Anschluss« illegal bleiben wird, tut dies dem Zulauf von Krisengeschüttelten und Deutschnationalen kaum Abbruch. Kärnten ist das Bundesland mit der höchsten Organisationsdichte an Nationalsozialisten in Österreich. Die »Ausmerzung des Slowenischen« in dem Grenzgebiet sollte die primäre Aufgabe der NS-Politik im »Reichsgau Kärnten« werden. Matthias Bachmann gehört zu einem großen Teil der Kärntner Lehrerschaft, die 1932 der Partei beitritt. Ingeborg Bachmann wird über die NS-Verwicklungen ihres Vaters ein Leben lang schweigen. Dieses dunkle Kapitel der Familiengeschichte bleibt eine »verschwiegene Erinnerung« (›Malina‹).

Die Kindheitserinnerung aus dem Interview von 1971, die zur meistzitierten Selbstaussage von Bachmann wird, fällt ins Erscheinungsjahr von ›Malina‹. In den zahlreichen Interviews zu ihrem ersten Roman werden ihr immer wieder Fragen nach ihrer Herkunft, ihrer Kindheit und ihrem Vater gestellt. Denn das weibliche Ich in ›Malina‹ ist eine in ihrer Kindheit und Jugend traumatisierte Figur. Im Traumkapitel – das Mittelstück des Romans und das Herzstück der Bachmann-Forschung – setzt Ingeborg Bachmann das weibliche Ich einer Reihe von fürchterlichen Träumen aus, in denen die Gewalt der Vaterfigur in immer neuen Anläufen auf die Tochter einbricht. In einem Traum lässt er sie in der Gaskammer zurück. »Ich bin in der Gaskammer, das ist sie, die größte Gaskammer der Welt, ich bin allein darin. Man wehrt sich nicht im Gas. Mein

---

Wäre ichs wert, einer Familie anzugehören, wenn ich ihre Mörder verraten würde, ihre Diebe anzeigen würde. Es ist wohl möglich, die fremden Familien ihrer Verbrechen und Defekte zu zeihen, aber die eigene, mit ihren schwärenden Eiterbeulen, nie, die werde ich nie verraten. Und doch ist mir mehr erlaubt, an unserer Familie zu sehen als an jeder anderen. Ein großes Aug ist mir für unsere Familie gewachsen, ein großes Ohr geworden für ihre Sprachen, ein großes Schweigen mir geworden über soviel, das aus großer Nähe zu verschweigen ist. *Aus ›Der Tod wird kommen‹ (um 1965)*

Vater ist verschwunden, er hat gewußt, wo die Türe ist und hat sie mir nicht gezeigt, und während ich sterbe, stirbt mein Wunsch, ihn noch einmal zu sehen und ihm das Eine zu sagen. Mein Vater, sage ich ihm, der nicht mehr da ist, ich hätte dich nicht verraten, ich hätte es niemand gesagt. Man wehrt sich hier nicht.«

In den Träumen werden individuelle und geschichtliche Vernichtungserfahrungen zur Darstellung gebracht. Die Gewalt des Vaters steht für eine allgegenwärtige Gewalt der Gesellschaft. Bachmann sagt von der übermächtigen Vaterfigur, »daß es die Figur des Mörders ist, und zwar des Mörders, den wir alle haben«. ›Malina‹ und der gesamte ›Todesarten‹-Zyklus ziehen eine Bilanz mörderischer patriarchaler Strukturen vom Alten Ägypten bis in die Gegenwart. Auch wenn die Zeit der Träume unbestimmt ist – »Es sind die Träume von heute nacht.« –, sind Gaskammer- oder Deportationstraum historisch fixiert. Die nationalsozialistischen Verbrechen sind für Bachmann ein besonders grausames Kapitel in einer grausamen, noch gegenwärtigen Menschheitsgeschichte. »Es ist immer Krieg. / Hier ist immer Gewalt. / Hier ist immer Kampf. / Es ist der ewige Krieg.« Frauen sind dabei die Opfer der Männer, Töchter die Opfer der Väter. Der Protest der 68er-Bewegung gegen die Vätergeneration als einer Tätergeneration wird in Bachmanns Werk zum Protest der Töchter gegen die Väter.

Im Traumkapitel wird die Vorgeschichte des weiblichen Ich verarbeitet, um ihre Zerstörung in der Gegenwart verständlich zu machen. In einigen Träumen kommt das Ich auf seine Kindheitslandschaft zurück, die zur Todeslandschaft geworden ist. Die Szenerie in den Träumen ist immer wieder eine Landschaft mit See, die an den Wörthersee bei Klagenfurt denken lässt. »Ein Verdacht kommt mir, welcher See es sein könnte.«

›Todesarten‹ ist der Titel für das Großprojekt, an dem Ingeborg Bachmann von 1962 bis zu ihrem Tod arbeitet. Nur der Roman ›Malina‹ (1971), der als Ouvertüre gedacht war, und die am Rande entstandenen Erzählungen ›Simultan‹ (1972) werden abgeschlossen. Fragment bleiben die Romane ›Der Fall Franza‹ und ›Requiem für Fanny Goldmann‹ sowie zahlreiche Entwürfe. Tausende von Seiten werden unter dem Titel »›Todesarten‹-Projekt« (1995) veröffentlicht.

Es ist finster vor dem Fenster, ich kann es nicht öffnen und drücke das Gesicht an die Scheibe, es ist fast nichts zu sehen. Langsam kommt es mir in den Sinn, daß die düstere Lache ein See sein könnte, und ich höre die betrunkenen Männer einen Choral auf dem Eis singen. Ich weiß, daß hinter mir mein Vater eingetreten ist, er hat geschworen, mich zu töten, und ich stelle mich rasch zwischen den langen schweren Vorhang und das Fenster, damit er mich nicht überrascht beim Hinausschauen, aber ich weiß schon, was ich nicht wissen soll: am Seeufer liegt der Friedhof der ermordeten Töchter. *Aus ›Malina‹ (1971)*

In diesem und in anderen Träumen werden Erinnerungsbilder abgerufen, in denen sich die Todeslandschaft des Ich in die Kindheitslandschaft von Bachmann schiebt. Dass Bruchstücke von Bachmanns Biografie in den Text eingearbeitet sind, erlaubt keine Gleichsetzung von Figur und Autorin. Diese will den Roman als »eine geistige, imaginäre Autobiographie« der Figur verstanden wissen. Dass das Traumkapitel, in dem Bachmann die Verbrechen ihrer Vätergeneration exemplarisch zum Ausdruck bringt, aber auch eine Auseinandersetzung mit dem eigenen Vater ist, legt ihr Verhalten gegenüber diesem nahe. Bei einem Familienbesuch in Klagenfurt – kurz vor dem Erscheinen von ›Malina‹ – bittet sie die Schwester an ihrer Stelle, dem Vater zu sagen, dass er mit der Figur im Roman nicht gemeint sei; sie habe für das Kapitel eine »Überfigur« gebraucht. Ingeborg Bachmanns Leben muss unter einer extremen Spannung gestanden haben: Der geliebte Vater gehörte zu den verhassten Tätern. Mit dieser Erkenntnis verbindet sich im Nachhinein das Bild einer zertrümmerten Kindheit.

Seit 1936 besucht Ingeborg Bachmann das Bundes-Realgymnasium, in dem sie 1944 ihre Matura ablegen wird. Ihre schulischen Leistungen sind weiterhin gut, doch fällt sie durch bestimmte Eigentümlichkeiten auf. Die Mitschülerin Melanie Pichler berichtet, dass Ingeborg Bachmann die anderen immer

Geschichtliche Daten Österreichs

1914 Ermordung des Thronfolgers Franz Ferdinand durch einen serbischen Nationalisten in Sarajewo. Österreich erklärt Serbien und Russland den Krieg, Beginn des Ersten Weltkrieges.

1916 Tod Kaiser Franz Josephs nach 68-jähriger Herrschaft

1918 Kriegsende und Friedensvertrag von Versailles, Aufteilung des Habsburgerreiches in kleine Nationalstaaten, Gründung der »Ersten Republik« von »Deutsch-Österreich«

1933 Machtübernahme Hitlers in Deutschland, Druck auf Österreich

wieder durch ihr Wissen in Erstaunen versetzt habe, denn in manchen Gebieten habe sie besser Bescheid gewusst als die Lehrer. Ihre Interessenschwerpunkte hätten sich von Literatur über Geschichte zu Astronomie erstreckt. Statt mit Schulheften habe sie sich hauptsächlich mit losen Blättern beholfen und sich ständig Notizen gemacht. Bei der Abschlussarbeit habe sie darum gebeten, sich nach vorne setzen zu dürfen, weil sie hinten in ihrer Bank nicht genügend Konzentration habe. Der in Hexametern verfasste Aufsatz wurde dann nicht benotet. Von ihren Mitschülern habe sie zwei Spitznamen erhalten: »Elfchen« wegen ihrer Zartheit und »l'hibou«, die Eule, wegen ihrer Belesenheit. Die Lehrerin in der siebten Klasse hält sie für eine »begabte, selbständige Denkerin«. Das Schulzeugnis des Jahres 1941/1942 vermerkt: »Körperlich zart, durch längere Turnbefreiung etwas ungeübt, sehr bestrebt; sonst still und bescheiden, begabt und verständig.« Im Reifeprüfungszeugnis von 1944, mit der Endnote »gut«, heißt es: »Ruhig, besonnen, selbständig, bei sehr guter Begabung besondere Vorliebe für Geisteswissenschaften, außergewöhnlich belesen.« Das Gymnasium ist nach dem »Anschluss« als Staatliche Oberschule für Mädchen dem NS-Schulsystem eingegliedert worden und befindet sich nun im alten Konvent der Ursulinen in

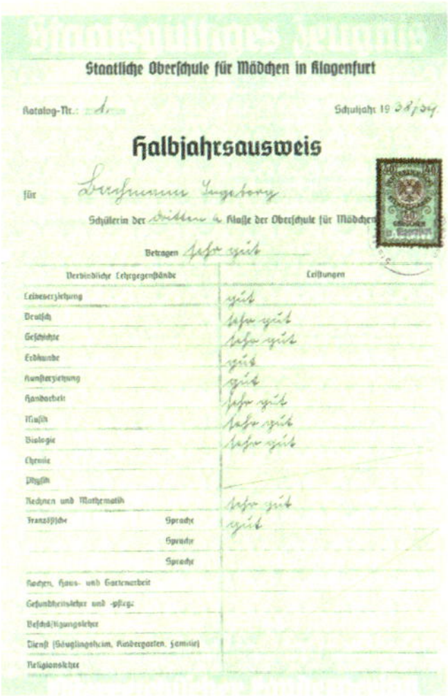
Staatliche Oberschule für Mädchen in Klagenfurt

Katalog-Nr.: 1 Schuljahr 1938/39

Halbjahrsausweis

für Bachmann Ingeborg

Schülerin der dritten a Klaße der Oberschule für Mädchen

Betragen sehr gut

Verbindliche Lehrgegenstände		Leistungen
Leibeserziehung		gut
Deutsch		sehr gut
Geschichte		sehr gut
Erdkunde		gut
Kunsterziehung		gut
Handarbeit		sehr gut
Musik		sehr gut
Biologie		sehr gut
Chemie		
Physik		
Rechnen und Mathematik		sehr gut
Französische	Sprache	gut
	Sprache	
	Sprache	
Kochen, Haus- und Gartenarbeit		
Gesundheitslehre und -pflege		
Beschäftigungslehre		
Dienst (Säuglingsheim, Kindergarten, Familie)		
Religionslehre		

13 Zeugnis Gymnasium 1938/1939

1934 Februar-Putsch: Auflösung der Sozialdemokratischen Partei, Juli-Putsch der Nationalsozialisten: Ermordung von Bundeskanzler Engelbert Dollfuß, Regierung von Kurt Schuschnigg

1935–37 Annäherung an Nazideutschland

1938 Erzwungener Rücktritt Schuschniggs, »Anschluss« an Nazideutschland am 13. März, Einmarsch der Deutschen Wehrmacht; am 15. März Rede Adolf Hitlers auf dem Wiener Heldenplatz

1939 Die Bezeichnung Österreich wird ersetzt durch »Ostmark«;

14 Ursulinengymnasium in Klagenfurt

der Ursulinengasse 5. Ingeborg Bachmanns Gymnasialzeit verläuft parallel zu Österreichs nationalsozialistischer Phase und zum Zweiten Weltkrieg, von dem die Familie Bachmann durch den Kriegseinsatz des Vaters unmittelbar betroffen ist.

Am 31. August 1939 hat sich der vierundvierzigjährige Matthias Bachmann, Oberleutnant der Reserve, zur Truppe gemeldet und zieht einen Tag später in den Krieg. Erst wird er zum Hauptmann, anschließend zum Major befördert. Im Herbst 1945 kehrt er aus amerikanischer Gefangenschaft nach Kärnten zurück. Die sechs Kriegsjahre ist er nur während kurzer Heimaturlaube bei der Familie in Klagenfurt. Kurz vor seinem Ein-

In der letzten Bank zur Rechten sitzt unser Fräulein wundersam,
zwischen Zetteln, Büchern, Heften, ganz vertieft in diesen Kram
Philosophie des Lebens Krone, Literatur ihr höchster Traum.
Aus einem Gedicht auf Ingeborg Bachmann in der Abiturzeitung 1944

Beginn des Zweiten Weltkrieges

1945 Kriegsende, Teilung Wiens und Österreichs in vier Besatzungszonen, Grenzregelungen wie vor dem Krieg, Verfassung von 1929, Wiedereinführung der Schillingwährung. Karl Renner wird Bundespräsident.

1955 Aufhebung der Besatzung, Staatsvertrag, Verpflichtung zur Neutralität, Beginn der »Zweiten Republik«

15 Auf der Gerlitzen, 1939

tritt in die deutsche Wehrmacht kommt der Sohn Heinz im Juni 1939 zur Welt. Ingeborg kümmert sich als ältestes Kind um den kleinen Bruder, den sie durch den Altersunterschied von 13 Jahren fast als ihr eigenes Kind empfindet. Im ›Versuch einer Autobiographie‹ beschreibt sie die ersten »Verwirrungen, als der kleine Bruder kam, meine Vergötterung, auf die meine Mutter mit Verärgerung reagierte. Seltsame Reaktion: dass ich selber nie ein Kind haben werde, mir kein eigenes vorstellen konnte, weil ich meinen Bruder zu sehr liebte, ihn schöner fand als alle anderen Kinder.« In ›Drei Wege zum See‹ (1972) gestaltet Bachmann die Geschwisterliebe Elisabeths zu Robert in fast identischem Wortlaut. Elisabeth habe ihrer Mutter gesagt, »eines sei ganz sicher, daß ich niemals

16 Mit Bruder Heinz und Vater Matthias Bachmann, 1940

ein Kind haben würde, weil ich das nicht ertragen könnte, es würde ja niemals so schön und einzigartig sein wie Robert.« Fürsorglich verhält Ingeborg Bachmann sich auch gegenüber anderen Kindern, als sie im Sommer 1942 in einem Erntekindergarten in der Nähe von Obervellach eingesetzt ist.

In diese Zeit fallen auch ihre ersten literarischen Arbeiten. Die frühesten Datierungen von Texten aus dem Nachlass reichen bis 1942 zurück, doch hat sie schon vorher zu schreiben begonnen – »Ich glaube, ich war zehn Jahre alt oder zwölf.« – wie sie in einem Interview über den frühzeitigen Drang zum Schreiben berichtet: »Ich habe alles geschrieben, was man sich nur vorstellen kann. An Quantität war das, glaub' ich, weit mehr als das, was ich später als Erwachsene produziert habe. ... Ich weiß nur, daß ich einfach immerzu geschrieben habe, unter dem Vorwand, Hausaufgaben machen zu müssen. Die waren in fünf Minuten erledigt, und dann habe ich so getan, als hätte ich noch unendlich viel zu arbeiten.« Ihre Schwester Isolde berichtet, dass Ingeborg Bachmann sich oft zum Schreiben zurückzog, der Familie zunächst nichts über ihre Arbeit verriet und erst den fertigen Text präsentierte.

Diese ersten Texte – Gedichte, ein Drama und eine längere Erzählung – sind von Goethe, Schiller und Kleist inspiriert. Dass sie sich an den Klassikern deutscher Sprache orientiert, mag unter anderem an der beschränkten Auswahl an Werken in diesen Jahren gelegen haben. Insbesondere die Autoren der Moderne waren durch die nationalsozialistische Propaganda verboten und daher schwer zugänglich. Wie sie Hans Weigel später berichtet, habe sie jedoch »in Klagenfurter Bibliotheken während des Krieges jene Bücher verlangt, die nicht verliehen werden durften und auf Dachböden versteckt waren«. Die in ihrem Tagebuch erwähnten »verbotenen« Bücher von Thomas Mann, Stefan Zweig, Arthur Schnitzler und Hugo von Hof-

Rimaut, wißt Ihr denn nicht, daß eine Liebe
Vor dem Schicksal uns'rer Länder in Staub
Zerfällt, daß eine Liebe, wenn die Welten
Sich im Herzen morden, ein Nichts ist. Ja,
Vor diesem Kampf ist alles nichtig. Es
Gibt da keine Milde, nicht Mitleid und

mannsthal haben in den frühen Texten allerdings keine sichtbaren Spuren hinterlassen.

Die Reminiszenzen an Goethe sind deutlich. Ein Gedicht ist mit ›Goethe‹ überschrieben und setzt mit dem Vers »Oh, Göttern gleich und Mensch gewesen« an. Wie auch in einem anderen Gedicht, ›Zwei Seelen wohnen, ach! in meiner Brust‹, datiert mit 30. August 1942, gestaltet sie die Spaltung in eine Tag- und Nachtsphäre als eine Spannung zwischen irdischer Verpflichtung und geistiger Verzückung: »Sinkt die Dämmerung herein / Spür ich nicht mehr dieses Sein. / Am ersten Abendstrahl zerspritzt / Dieses Leben ungenützt / Die Gedanken weilen fern / Klammern sich an güld'ne Stern / Und es weitet sich der Blick / Sieh! Es kommt das wahre Glück.« Nach Aussage einer Mitschülerin entstand dieses Gedicht in einer Deutschklausur in der 7. Klasse anstelle des geforderten Aufsatzes über das Goethezitat aus dem ›Faust‹.

Neben der Vielzahl an Gedichten – im Nachlass sind mehr als 100 Jugendgedichte erhalten – verfasst sie in dieser Zeit ›Carmen Ruidera. Ein Trauerspiel in fünf Aufzügen‹. Das 1942 abgeschlossene Stück ist das einzige Drama Bachmanns, sieht man von den Libretti ab, die in Zusammenarbeit mit dem Komponisten Hans Werner Henze entstehen sollten. Das Drama ist, ähnlich wie die Gedichte, von einem hohen Pathos getragen, dem die antikisierende Wortwahl und klassische Form in fünfhebigen jambischen Versen entsprechen. Es ist in Spanien während der napoleonischen Besatzung angesiedelt – »Die Szene ist in Zaragoza, nur anfangs in einem Lager südlich von Bilbao. Zeit: Sommer 1808« – und handelt vom Gewissenskonflikt der Spanierin Carmen Ruidera zwischen der Liebe zu dem französischen Besatzungssoldaten Rimaut und der Liebe zum Vaterland. Das Stück endet mit Carmens Ermordung durch Rimaut, weil sie das Gesetz des Krieges über das Ge-

Barmherzigkeit und keine Tränen. Auch
Keine Gefühle zwischen Mann und Weib.
Denn dieser Brand brennt alles andre nieder.
In seiner Glut glüht nur das Harte und
Jede Süssigkeit muß untergehen.

Aus ›Carmen Ruidera‹ (Nachlass, 1942)

setz der Liebe stellt und seine Zukunftspläne zurückweist – »ein freundlich, stilles Dasein in einer / Kleinen Stadt, nur eine kleine traute / Zweisamkeit«.

Die Szenerie erinnert an Schillers ›Don Carlos‹, Handlung und Aufbau an Kleists ›Hermannsschlacht‹. Auch wenn die Abfolge aus Missverständnissen und das Phrasenhafte ein wenig unbeholfen wirken, ist dieses Erstlingswerk in seiner Gesamtkonzeption für eine Sechzehnjährige trotzdem beachtenswert. Dass Carmen am Ende von Rimaut umgebracht wird, weist auf Texte wie ›Malina‹ voraus, in denen die unerreichbare absolute Liebe zur Auslöschung der Frau führt. Auf den Konflikt zwischen persönlicher Liebe und Vaterlandsliebe kommt Bachmann in der Librettofassung von Kleists ›Prinz Friedrich von Homburg‹ (1960) zurück.

Auffällig an ›Carmen Ruidera‹ und dem kurz darauf entstandenen ›Honditschkreuz‹ ist deren politischer Impetus. Drama und Erzählung sind mit den antinapoleonischen Befreiungskämpfen am gleichen historischen Punkt verankert. Die 1809 einsetzende Erhebung gegen die napoleonische Fremdherrschaft in Tirol unter Andreas Hofer hat einen mythischen Rang in der Geschichte des österreichischen Patriotismus. In den daran anschließenden Kämpfen des Jahres 1813 befreit sich Österreich von der französischen Besatzung, und einige Provinzen wie Venetien und Galizien werden dem Habsburgerstaat wieder zugesprochen. Mit Ausbruch des Zweiten Weltkrieges werden diese Ereignisse von der nationalsozialistischen Propaganda benutzt, da Frankreich wieder eine gegnerische Macht ist und die Ausweitung nach Osten eines der Ziele des »Dritten Reiches« darstellt. In einer deutschnationalen Verklärung wird die romantische, deutsche Tiefe und Innerlichkeit gegen die nüchterne, französische Aufklärung und Gottlosigkeit gesetzt. In Klagenfurt, der letzten Bastion des

Der Anstoß zu der Erzählung ›Das Honditschkreuz‹ kam von Bachmanns Vater, der ihr das Heimatbuch ›Alt-Hermagor. Geschichtliche Erinnerungen‹ (1931) von Hubert Pietschnigg als Vorlage für eine Geschichte empfahl. Aus den Abschnitten »Das Honditschkreuz« und »Hermagor zur Zeit der Franzosenherrschaft« entwickelt Bachmann die Erzählung, der Chronik entnimmt sie auch historische Personen wie Dechant Peter Freno, Bürgermeister Jakob Unterberger, Graf Piati, Oberstleutnant de Mumb und Hauptmann Pirquet.

Deutschtums, fällt diese Ideologie auf besonders fruchtbaren Boden. 1943 findet in Klagenfurt eine große »Grenzlandausstellung« statt, in der auch die antinapoleonischen Befreiungskriege dokumentiert werden.

›Das Honditschkreuz. Eine Erzählung aus dem Jahre 1813‹ lässt im Untertitel den Zeitbezug zu den Befreiungskämpfen erkennen. Die postum in der Gesamtausgabe 1978 veröffentlichte Erzählung ist nach ›Malina‹ der umfangreichste Text in Bachmanns Werk. Im Gegensatz zu dem imaginären Spanien in ›Carmen Ruidera‹ ist die Erzählung an den konkreten Orten Obervellach und Hermagor angesiedelt. Das vom Honditschbauern errichtete Kreuz steht auf der Verbindungsstraße zwischen den beiden Ortschaften und trägt die Inschrift: »Am 18. Sept. des Jahres 1813 wurde hier ein französischer Krieger von österreichischen Soldaten erschoßen und allda begraben. Requiescat in Pacem.«

Die Hauptfigur im ›Honditschkreuz‹, Franz Brandstetter, Theologiestudent in Wien, hält sich während der Sommerferien in seinem Heimatdorf auf. Durch die Belagerung französischer Truppen gerät er in Konflikt zwischen geistlicher Berufung, bäuerlicher Herkunft und nationalem Freiheitskampf, überdies ist er zwei Frauen aus dem Dorf zugeneigt. Erfasst von dem Taumel, »für den Heimatboden zu kämpfen«, schließt er sich den österreichischen Befreiungstruppen an. Mit einem französischen Hauptmann kommt es zum Entscheidungskampf, der für beide tödlich endet. Die Erzählung schließt mit diesem zwar sinnlosen, aber pathetischen Heldentod, an den das Honditschkreuz erinnert.

›Das Honditschkreuz‹ zeigt in einigen Passagen das Ringen der jungen Bachmann mit einem Heldentum, das in der Parole des »totalen Krieges« noch im letzten Jahr des Zweiten Weltkrieges zu einem ungeheuren Morden führen sollte.

In direktem Gegensatz zur NS-Ideologie wendet sich Bachmann in ›Das Honditschkreuz‹ den verfolgten Windischen in Kärnten zu: »Sie nennen die Gail Zila und haben noch viel Wundersames und Geheimnisvolles in ihrem Tun. Ihre Lieder sind wie vom Traum einer größeren Weite getragen und klingen über die überall nahen Berge weg, so bestrickend und mit dem Wasser der Zila fließend, wie es die Lieder des unendlichen Rußlands täten.«

Aus ›Das Honditschkreuz‹ (1943)

Brandstetter erkennt einen solchen Wahnsinn, doch »wenn er nur die Kraft hätte, sich aus dem erzwungenen Schicksal zu lösen, diese Bande hier zu brechen und sich so im letzten Augenblick zu retten«. Bachmann bleibt in der Erzählung jedoch weitgehend ihrem kulturellen und politischen Umfeld verhaftet. So wie der zentrale Gewissenskonflikt des Studenten zwischen Pflicht und Neigung ein Merkmal der traditionellen Heimatliteratur darstellt, so sind auch Bewohner, Ort und Landschaft größtenteils konventionell gezeichnet. Die dialektale Einfärbung rückt den Text auch sprachlich in die Nähe zu diesem Genre. Bachmanns frühe Texte reproduzieren, wenn auch gebrochen, die verbreitete Heimatideologie. In dem Gedicht ›An Kärnten‹, aus einer Gedichtsammlung über Kärnten, die sie der Familie Weihnachten 1944 überreicht, heißt es: »Todwund von fremder, vernichtender Hand. / Heiliges, herrliches Heimatland!« Diese Elemente entspringen nicht nur den Heimatgefühlen dieser Zeit, sondern beruhen auch auf einem konkreten literarischen Vorbild.

Josef Friedrich Perkonig, damals bekanntester Autor und kultureller Repräsentant Kärntens, spielt eine wichtige Rolle für die junge Bachmann. Er gilt als »Dichter der Grenze« und gestaltet in seinem Werk einen geografischen Raum, auf den Bachmann mit ihrem Wunschraum Galicien zurückkommen wird. Seine Bücher erinnern an Heimatschriftsteller wie Peter Rosegger oder Karl Heinrich Waggerl, wobei sie sich trotz der idyllisierenden Darstellung des Landlebens nicht nahtlos in das Genre der Heimatliteratur einfügen. Die Harmonie des Menschen mit der Natur erweist sich in seinem Werk oftmals als brüchig. Von der anfänglichen Blut-und-Boden-Ideologie der Nazis rückt er später ab, wie seine Denkschrift gegen die Aussiedlung der Kärntner Slowenen im Jahr 1943 veranschaulicht.

Seit 1934 gehört **Josef Friedrich Perkonig** (1890–1959) dem »Kampfbund« österreichischer Schriftsteller an, der es sich zur Aufgabe macht, die »wertvollen Kräfte« zu fördern, damit die »stammesmäßig gezeichnete, blutmäßig und heimatlich gewordene Literatur über die volkszersetzenden Schädlinge triumphiere«. Perkonig gibt Bücher heraus wie ›Deutsche Ostmark. Zehn Dichter und hundert Bilder lobpreisen Österreich‹ (1936) oder ›Kärnten – Heimatland, Ahnenland. Ein Buch für die Jugend‹ (1942).

Perkonig ist Bachmanns Deutschlehrer in der NS-Lehrerbildungsanstalt, die sie nach der Matura im Jahr 1944 besucht. Schon zuvor hatte ihr Vater Verbindung zu dem Schriftsteller hergestellt und ihm die Manuskripte von ›Carmen Ruidera‹ und ›Das Honditschkreuz‹ zur Kenntnis gebracht. Überwiegen im Drama die Einflüsse von Kleist und Schiller, so steht die Erzählung dem Werk Perkonigs nahe. Bachmanns erste Publikation, ›Die Fähre‹ (1946), schließt deutlich an Perkonigs ›Der Guslaspieler‹ (1942) an, und in zwei Skizzen aus dem Nachlass, dem umfangreichen Erzählfragment ›Tagwerden‹ und dem szenischen Entwurf ›Das Denkmalamt‹, ist der Einfluss von Perkonigs Texten zu erkennen.

Als der Kurs an der Lehrerbildungsanstalt bei Kriegsende im Mai 1945 vorzeitig abgebrochen wird, hält sich die Familie in Obervellach auf. Bachmann beginnt dort eine Reihe von Briefen zu schreiben, die postum unter dem Titel ›Briefe an Felician‹ (1991) publiziert wurden. Die zwischen Mai 1945 und Mai 1946 datierten Briefe sind allesamt an ein imaginäres Du gerichtet, das einmal »Lieber«, »Liebster«, »Geliebter« und »Felician« genannt wird. Eine Verbindung zwischen dem Angebeteten der Briefe und Perkonig ergibt sich im ersten Brief, der an Felician gerichtet ist. Bachmann zitiert darin Verse aus einem parallel entstandenen Gedicht, in dem die Anrede »Für JFr. [Josef Friedrich] Perkonig« durchgestrichen und mit »Für Felician« ersetzt worden ist. Felician heißt der Protagonist in

17 Matura 1944, Usulinengymnasium, Ingeborg Bachmann rechts unten

einem der bekanntesten Romane Perkonigs, dem 1928 publizierten ›Bergsegen‹.

Doch erschöpfen sich Bachmanns Aufzeichnungen nicht in dem biografischen Bezug zu Perkonig, der zudem über den Umweg der Romanfigur Felician hergestellt wird. Die niemals abgeschickten Briefe, gehalten in einer Mischform aus Tagebuch und Brief, aus Lyrik und Prosa, dienen der Selbstbestimmung der jungen Autorin. In dem gleichzeitig begonnenen Dramenentwurf ›Das Denkmalamt‹ sagt die Protagonistin: »Ich kam zu Felician, wann ist nicht wichtig und ich war das dümmste und nichtssagendste Geschöpf, das man sich denken kann. … Er war der vornehmste, größte und bedeutendste Mann.« Bachmann benutzt den ihr persönlich bekannten und in Kärnten populären Schriftsteller zum Medium ihrer Reflexionen über Liebe und Kunst. Diese beiden für sie höchsten Autoritäten fallen in dem idealisierten Geliebten zusammen. »Doch wenn ich nichts zu schwören bereit wäre, dieses doch, daß Du mein einziger Altar bist, meine Fragen, meine Wünsche, meine endlichen Dinge, und nicht zuletzt meine Liebe, enden bei Dir.« Die Felician-Briefe sind von einer geradezu religiösen Demut, in der sich Tugenden wie Pflicht und Treue gegenüber dem Herrn und Geliebten artikulieren. Aus den Briefen spricht eine gequälte, leidende Stimme in persönlicher und künstlerischer Orientierungslosigkeit. »Ich bin oft so einer trostlosen Verzweiflung preisgegeben. Das ist eine Hoffnungslosigkeit, ein Abstieg in eine uferlose Verzweiflung. … Einziger Freund, ›die Kunst ist ein harte Herrin‹ … Meine Wünsche sind dunkel und blutrot! Ich muß handeln.«

Die Hälfte der Briefe sind nach dem Weggang aus Klagenfurt an Bachmanns erstem Studienort Innsbruck entstanden. Der letzte datierte Brief ist vom 27. Mai 1946, danach brechen die Briefe ab. In dem vermeintlichen Adressaten Perkonig las-

Und da ist denn die Grenze nicht nur ein Ende, sondern ebensogut ein Anfang, nicht ein Abgrund, vielmehr ein Steg darüber.

Aus dem Nachwort zu Josef Friedrich Perkonig, ›Der Guslaspieler‹ (1942)

sen die ›Briefe an Felician‹ eine Problemkonstante des gesamten Bachmannschen Werkes erkennen: Kunst und Herrschaft liegen bei dem väterlichen Mentor untrennbar zusammen. Den politisch zwielichtigen Autor wird Ingeborg Bachmann niemals erwähnen, auch wenn die beiden noch einmal zusammentreffen sollten. Im Merian-Heft ›Kärnten‹ des Jahres 1957 sind Perkonig und Bachmann als literarische Repräsentanten Kärntens mit eigenen Texten vertreten. Von Bachmann wird ein Ausschnitt ihres Gedichtzyklus' ›Von einem Land, einem Fluß und den Seen‹ (1956) abgedruckt – von den idyllisierenden Anfängen ist sie ein Jahrzehnt nach Kriegsende weit entfernt.

Der Krieg und seine Folgen haben in den ›Briefen an Felician‹ keine direkten Spuren hinterlassen, wenn auch die Angst und Orientierungslosigkeit des Ich dadurch möglicherweise verstärkt wurden. In Klagenfurt ist der Zusammenbruch des »Dritten Reiches« bereits 1943 deutlich, mehr als 50 Luftangriffe werden von den Alliierten von Oktober 1943 bis April 1945 geflogen. Beim ersten Bombardement ist Ingeborg Bachmann mit ihren Geschwistern allein in Klagenfurt, da die Mutter gerade den Vater in Breslau besucht, wo dieser stationiert ist. Als die halbwüchsigen Mädchen mit dem kleinen Bruder den Bunker verlassen, sehen sie das Ausmaß der Zerstörung. Einige Menschen sind umgekommen, darunter auch Mitschuler. In dieser Nacht, ohne Strom und Gas, hätten die allein gelassenen Kinder erstmals den Schrecken des Krieges erfahren, wie ihre Schwester berichtet. Ein Erinnerungsbild der Kinder in ›Jugend in einer österreichischen Stadt‹ ruft auch die Judenvernichtung in Kärnten ins Gedächtnis. In Lendorf bei Klagenfurt, einer Nebenstelle des Konzentrationslagers Mauthausen, werden im April 1945 viele jüdische Häftlinge umgebracht.

Neben den sichtbaren Auswirkungen von Krieg und Verfolgung hat Bachmann auch die doktrinäre NS-Ideologie am ei-

Die Zeit der Andeutungen ist zu Ende. Man spricht von Genickschüssen, vom Hängen, Liquidieren, Sprengen, und was sie nicht hören und sehen, riechen sie, wie sie die Toten von St. Ruprecht riechen, die man nicht ausgraben kann, weil das Kino darübergefallen ist.

Aus ›Jugend in einer österreichischen Stadt‹ (1961)

genen Leib erfahren. Dem ›Bund Deutscher Mädel‹ konnte sie sich entziehen, indem sie nie zu den Treffen ging oder Krankheiten vorschützte. In der Lehrerbildungsanstalt ist sie nun mit einem Fanatismus konfrontiert, der im Gymnasium nicht herrschte. Den Besuch der Lehrerbildungsanstalt hat sie sich – obwohl sie damit einer Panzerfaustausbildung entkommt – teuer erkauft, denn in einer eidesstattlichen Erklärung verzichtet sie damit auf ein späteres Studium. »Nein, ich bin sicher, in diesem Land werde ich nicht mehr studieren, in diesem Krieg nicht mehr. So ein Irrtum, auch nur einen Augenblick zu zögern!« In sechs losen Tagebuchblättern, drei vom Spätsommer 1944 und drei vom Sommer 1945, wird ihre Dissidenz gegenüber dem System im letzten Kriegsjahr ersichtlich. Von den fanatischen Mitschülerinnen distanziert sie sich und schließt sich mit ähnlich gesinnten Freundinnen zusammen. Als ihnen befohlen wird, am Stadtrand von Klagenfurt Verteidigungsgräben auszuheben, planen die Mädchen die Desertion ins Gailtal. »Ich habe … immer nur gedacht, dass das zum Himmel schreit, was man mit uns treibt. Die Erwachsenen, die Herrn ›Erzieher‹, die uns umbringen lassen wollen. … Nein, mit den Erwachsenen kann man nicht mehr reden.« Im Tagebuch des letzten Kriegsjahres zeigen sich eine Klarheit über die politische Situation und eine Entschlossenheit zu handeln, die in den beiden umfangreichen literarischen Texten nicht vorhanden sind. Carmen Ruidera stellt den Kampf fürs Vaterland über persönliche Interessen, und für Franz Brandstetter in ›Das Honditschkreuz‹ erfolgt die Einsicht, sich gegen die »enge Welt daheim aufzulehnen«, zu spät. Ingeborg Bachmann beginnt den Wahnsinn und Terror von Faschismus und Krieg anscheinend erst in den letzten Monaten des »Dritten Reiches« zu erkennen. Die nationalsozialistische Propagandamaschine arbeitet in dieser Zeit auf Hochtouren und wird angesichts der sich abzeichnen-

Wir sind auf einer Bank gesessen und ich habe so furchtbar gezittert wieder im Anfang, dass er denken hat müssen, ich bin verrückt oder ich habe ein schlechtes Gewissen oder weiss Gott was. Und ich weiss überhaupt nicht … mehr, was wir im Anfang geredet haben, und dann auf einmal von Büchern, von Thomas [Mann] und Stefan Zweig und Schnitzler und Hofmannsthal. Ich war so glücklich, er kennt alles und er hatte nie gedacht, dass er ein junges Mädel finden würde, das trotz der Nazierziehung das gelesen hat. Und auf einmal war alles ganz anders. *Aus dem Tagebuch (14. Juni 1945)*

den Katastrophe immer unglaubwürdiger.

Nach der Befreiung durch die Alliierten wird Österreich in vier Besatzungszonen aufgeteilt; Kärnten fällt in den Verwaltungsbereich der Engländer. Bachmann, die das Kriegsende mit der Mutter und den Geschwistern im geschützten Obervellach erlebte, hält in ihren Tagebuchblättern eine eindrückliche Begegnung mit dem britischen Soldaten Jack Hamesh fest. Als Wiener Jude konnte sich der achtzehnjährige Hamesh 1938 nach England retten, und nun ist er als englischer Besatzungssoldat nach Österreich zurückgekehrt. Er besucht Bachmann zu Hause, und die beiden unterhalten sich stundenlang über Literatur. Die Neunzehnjährige ist vollkommen verwirrt, als er ihr beim Abschied die Hand küsst. »Ich bin so verdreht und glücklich, und wie er fort war, bin ich auf den Walischbaum geklettert, es war schon dunkel, und ich hab geheult und mir gedacht,

18 Mit Jack Hamesh, Schwester Isolde (rechts) und Freundin Elisabeth (links). Das letzte Lebenszeichen von Jack Hamesh kommt 1947 aus Palästina. Er schreibt, dass sein Traum, zu studieren, dort unmöglich sei und er die verschiedensten Arbeiten annehmen müsse. Seine Familie hat die Nazizeit nicht überlebt

Jack kommt jetzt jeden Tag, und ich habe noch nie im Leben soviel geredet. Er bringt mir jetzt immer Bücher. Gedichte hat er nicht besonders gern. Am meisten reden wir über Weltanschauung und Geschichte. Er erklärt sehr gut, und ich geniere mich überhaupt nicht mehr vor ihm, ich frage ihn auch immer, wenn ich von etwas noch nichts gehört habe. Jetzt sind wir mitten im Sozialismus und Kommunismus (und wenn Mutti natürlich Kommunismus hören würde, tät sie ohnmächtig werden!), aber man muss natürlich alles genau kennen und studieren. Ich lese das ›Kapital‹ von Marx und ein Buch von Adler. Jack habe ich gesagt, dass ich Philosophie studieren möchte, und er nimmt mich ganz ernst und findet das richtig. Nur von den Gedichten habe ich nichts gesagt.

Aus dem Tagebuch (Juni 1945)

ich möchte mir nie mehr die Hand waschen.« Obwohl sie in dem kleinen Dorf ins Gerede kommt, weil sie »mit dem Juden« geht, hält sie »jetzt erst recht« daran fest.

Die Befreiung vom Ungeist der letzten Jahre empfindet Bachmann als großes Glück. »Das ist der schönste Sommer meines Lebens, und wenn ich hundert Jahre alt werde – das wird der schönste Sommer bleiben. Vom Frieden merkt man nicht viel, sagen alle, aber für mich ist Frieden, Frieden! Die Leute sind alle so entsetzlich dumm; haben sie denn erwartet, dass nach einer solchen Katastrophe das Schlaraffenland von einem Tag zum anderen ausbricht!« Sie fasst wieder Mut und hat Pläne für die Zukunft. »Ich werde studieren, arbeiten, schreiben! Ich lebe ja, ich lebe. O Gott, frei sein und leben, auch ohne Schuhe, ohne Butterbrot, ohne Strümpfe, ohne, ach was, es ist eine herrliche Zeit!« Die Romanze mit Hamesh ist bald zu Ende – »ich will überhaupt nicht heiraten, auch keinen Engländer wegen ein paar Konserven und Seidenstrümpfen« –, doch jüdische Intellektuelle werden fortan eine entscheidende Rolle in ihrem Leben spielen.

Im September 1945 verlässt Ingeborg Bachmann Klagenfurt. Die provinziell-kleingeistige Atmosphäre und die Gräuel des Faschismus erklären ihre spätere Abneigung gegenüber der Heimatstadt. Die mythenreiche Vorstellungswelt des heimatlichen Kärnten und die Gewalt der Geschichte brennen sich ihr als prägende Erinnerung ein. In ›Jugend in einer österreichischen Stadt‹ drückt die Erzählerin am Ende die Hoffnung aus, »alles sich mischen zu sehen: die frühe Dunkelhaft mit den Flügen über Wolken in Weißglut«. Aus dem allmählichen Bewusstwerden der ersten 19 Lebensjahre erwächst ihr Werk – in einer Spannung aus Traum und Trauma.

Die Jugendjahre sind, ohne daß ein Schriftsteller es anfangs weiß, sein wirkliches Kapital. ... Was später dazukommt, was man für viel interessanter hält, bringt seltsamerweise fast nichts ein. Nur daß man erst in späteren Jahren überhaupt zu begreifen anfängt, was man mit dem ersten Blick gesehen hat.

Aus einem Interview mit Veit Mölter, 23. März 1971

»Stadt ohne Gewähr«
Wien: Studium und Kontakte

In den Wiener Jahren vollzieht Ingeborg Bachmann die Emanzipation von Kärnten und Klagenfurt. Das Mädchen aus der Provinz ist in wenigen Jahren eine renommierte Schriftstellerin. Wien erreicht sie jedoch erst nach einem einjährigen Umweg über Innsbruck und Graz.

Da in Wien erst allmählich der Universitätsbetrieb wieder aufgenommen wird, beginnt sie im September 1945 das Studium der Philosophie in Innsbruck. Sie wohnt in Arzl, einem Vorort der Tiroler Landeshauptstadt. Das Wintersemester in Innsbruck hat ebenso wie das anschließend in Graz verbrachte Sommersemester keinen tieferen Eindruck bei ihr hinterlassen und bestätigt insofern ihre spätere Auskunft, in der sie die beiden Zwischenstationen völlig ausblendet: »Ich habe nur eins gedacht: daß ich nach Wien gehen und Philosophie studieren müsse, und genau das habe ich auch getan.« In ›Biographisches‹ (1952) wird deutlich, dass das Verlassen des heimischen Kärnten nicht so einfach war. »In meiner Erinnerung wird der Weg aus dem Tal nach Wien immer der längste bleiben.« Auch diejenigen ›Briefe an Felician‹, die während der Innsbrucker Zeit

19 1945

entstanden, lassen ihr Heimweh erkennen. »Ich fern der lieben Stadt, dem lieben Land und den Seen.« Wie die Felician-Briefe, sind auch die Gedichte dieser Zeit von Leiden und Angst dominiert.

Ab dem Wintersemester 1946 studiert Ingeborg Bachmann in Wien. Sie bezieht ein Untermietszimmer in der Beatrixgasse 26 und wird auch nach dem Umzug in die Gottfried-Keller-Gasse 13 im Jahr 1949 im Bereich des dritten Bezirks wohnen, den sie in ›Malina‹ als »Ungargassenland« literarisch verewigt. Beatrixgasse und Gottfried-Keller-Gasse sind Seitenstraßen der Ungargasse. Als Bachmann ein Jahr nach Kriegsende in Wien eintrifft, ist die Stadt eine Ruinenlandschaft. Die wirtschaftliche und soziale Not ist im zerbombten Wien besonders deutlich zu spüren, und der Wiederaufbau setzt erst allmählich ein. Die finanziellen Mittel der zwanzigjährigen Studentin sind knapp, so dass ihr die Eltern häufig Pakete mit den notwendigsten Dingen senden. Um der Tochter überhaupt das Studium zu ermöglichen, mussten die Eltern eine Hypothek auf das Haus aufnehmen. Der Vater ist fast ohne Einkommen, nachdem er wegen seiner NSDAP-Mitgliedschaft zunächst vom Schuldienst suspendiert ist. Die ersten Jahre nach dem Krieg arbeitet Matthias Bachmann in einem Schotterwerk seines Bruders in Obervellach, wo er mit seiner Frau und dem Sohn Heinz lebt.

Ingeborg Bachmann schreibt sich an der Universität Wien im Hauptfach für Philosophie ein, in den Nebenfächern für Germanistik und Psychologie. Schon in Innsbruck belegte sie Kurse in mehreren geisteswissenschaftlichen Fächern, in Graz war sie zudem in Jura immatrikuliert. Der Schwer-

20, 21 In die **Beatrixgasse 26** zieht Ingeborg Bachmann im September 1946, in die **Gottfried-Keller-Gasse 13** im Juni 1949. Sie hat jeweils ein Zimmer zur Untermiete, für den Umzug ist die Zentralheizung in der neuen Wohnung ausschlaggebend. Die Wohnung gehört Elisabeth und Zeno von Liebl, die beide im Wiener Kulturbetrieb tätig sind; ihnen hat Bachmann auch Vermittlungen zu Zeitungen und Zeitschriften zu verdanken.

22 Carol Reeds Film ›Der dritte Mann‹ (1949), nach dem Drehbuch von Graham Greene, hat die Atmosphäre im zerbombten Nachkriegs-Wien – eine Mischung aus Schwarzmarkt und Kriminalität – eindrücklich eingefangen. Das Traumkapitel in ›Malina‹ wird Bachmann »Der dritte Mann« nennen. Damit erinnert sie an die skrupellose Verbrecherfigur des Harry Lime und zugleich an ihren eigenen Anfang in Wien.

punkt ihres Studiums liegt bei der Philosophie. Die philosophische Fakultät der Wiener Universität war in zwei Lager geteilt: auf der einen Seite die christlichen Universalphilosophen um Alois Dempf, auf der anderen Seite die Neopositivisten des »Wiener Kreises« um Victor Kraft. In Bachmanns Dissertationsvorhaben tauchen diese zwei Richtungen wieder auf. Laut Hans Weigel habe sie eine Arbeit über den Typus des Heiligen bei Dempf geplant – worüber allerdings keine Belege existieren –, eine neopositivistisch orientierte Arbeit schreibt sie dann bei Kraft.

Ihr Studienbuch lässt auf ein breit gefächertes Interesse schließen. Eine grundlegende Fragestellung zur Kultur nach dem Holocaust formuliert Bachmann 1948 in einem Referat

---

Der **Wiener Kreis**, 1929 mit der Programmschrift ›Wissenschaftliche Weltauffassung‹ hervorgetreten, ist eine Gruppe naturwissenschaftlich orientierter Philosophen des Neopositivismus. Mit Mitteln der formalen Logik werden wissenschaftliche Aussagen (Erkennen) von unwissenschaftlichen, bloß angenommenen (Erleben) unterschieden. Die Metaphysik sei sinnlos, weil ihr jede Beweiskraft fehle. Eine logische Analyse der Sprache und ihrer Strukturen sei notwendig. Der Wegbereiter ist Ludwig Wittgenstein, die wichtigsten Vertreter sind Moritz Schlick, Rudolf Carnap, Victor Kraft und Otto Neurath.

über Alfred Webers ›Abschied von der bisherigen Geschichte. Überwindung des Nihilismus?‹ (1946). Der Kultursoziologe Alfred Weber (1868–1958) – ein jüngerer Bruder des Soziologen Max Weber – schlägt in diesem Werk vor, über den Abgrund des »Dritten Reiches« eine geistige Brücke zum Vorherigen zu bauen. Darauf kontert Bachmann: »Ist aber die Wiederanknüpfung an frühere Zeiten über einen tiefen nihilistischen Abgrund gestattet?« Ob Auschwitz lediglich einen »Betriebsunfall« in der Geschichte oder den »Zivilisationsbruch« (Dan Diner) bedeutet, ist eine zentrale Frage nach 1945. Als zweiundzwanzigjährige Studentin belässt Bachmann es bei der vorsichtigen Frage, später wird sie diese eindeutig beantworten. Aus dem wachsenden Wissen um den eigenen Ort in der Geschichte wird sie diesen Riss sichtbar machen. Doch schon in dem Referat hält sie »nach der völligen Vernichtung menschlicher Geschichte ... eine intensive Erziehung« für notwendig: »Das brächte die Erlösung vom Nihilismus.«

Mit ihrer Dissertation, ›Die kritische Aufnahme der Existentialphilosophie Martin Heideggers‹ (1949), zielt Bachmann auf einen Nihilismus, dessen politische Fragwürdigkeit sich in der jüngsten Geschichte bewiesen hatte. In einem Interview des Jahres 1973 unterstreicht sie dies als treibende Kraft ihrer Arbeit: »Ja, ich sage immer, wenn ich über diese Dissertation spreche, ich habe gegen Heidegger dissertiert! Denn ich habe damals gemeint mit zweiundzwanzig Jahren, diesen Mann werde ich jetzt stürzen! ... Denn ich kenne die Rektoratsrede von Heidegger, und selbst wenn es diese Rektoratsrede nicht gäbe, so wäre da noch immer etwas, es liegt eine Verführung eben wieder zum deutschen Irrationaldenken vor.« Die Dissertation besteht in erster Linie aus einem Abriss der neopositivistischen Kritik von Rudolf Carnap an Heideggers Metaphysik. Bachmann begründet sodann ihre Skepsis an Heideggers Wahrheitsanspruch

---

Der Gedanke, daß nach diesem Krieg das Leben ›normal‹ weitergehen oder gar die Kultur ›wiederaufgebaut‹ werden könnte – als wäre nicht der Wiederaufbau von Kultur allein schon deren Negation –, ist idiotisch. Millionen Juden sind ermordet worden, und das soll ein Zwischenspiel sein und nicht die Katastrophe selbst.

Theodor W. Adorno, ›Minima Moralia‹ (1951)

mit dem Verweis auf Ludwig Wittgenstein. »Das Ergebnis wird immer die gefährliche Halbrationalisierung einer Sphäre sein, die mit einem Wort Wittgensteins berührt werden kann. ›Wovon man nicht sprechen kann, darüber muß man schweigen.‹« Dass Heidegger sich den Fragestellungen des Neopositivismus entzieht, hat sie später eingesehen. »Die Begeisterung, die Freude sowohl am Angriff wie am Bewundern war mit zweiundzwanzig Jahren sehr groß. Und Heidegger habe ich natürlich nicht gestürzt. Aber damals war ich fest davon überzeugt, diese Dissertation wird er nicht überleben.«

23 Martin Heidegger im Jahre 1950

Nachdem Bachmann bereits zu Beginn der Arbeit das Postulat aufgestellt hat, die Metaphysik sei »ein unzulänglicher Ersatz für die Kunst«, mündet die Dissertation in dieser Einsicht: »Wer dem ›nichtenden Nichts‹ begegnen will, wird erschüttert aus Goyas Bild ›Kronos verschlingt seine Kinder‹ die Gewalt des Grauens und der mythischen Vernichtung erfahren und als sprachliches Zeugnis äußerster Darstellungsmöglichkeiten des ›Unsagbaren‹ Baudelaires Sonett ›Le gouffre‹ empfinden können, in dem sich die Auseinandersetzung des modernen Menschen mit der ›Angst‹ und dem ›Nichts‹ verrät.« An dieser Stelle behauptet sich die Schriftstellerin gegenüber der Philosophin, indem sie die Kunst über die Philosophie stellt. Allein Kunstwerke wie Goyas Bild aus den ›Pinturas negras‹ und

Martin Heidegger (1889–1976), führender Vertreter der deutschen Existenzphilosophie, ab 1928 Professor in Freiburg im Breisgau. In seinem Hauptwerk ›Sein und Zeit‹ (1927) untersucht er das menschliche Dasein unter dem Aspekt der Angst und versucht, in der abendländischen Metaphysik die »Seinsvergessenheit« aufzuzeigen und zu kritisieren. In der Rektoratsrede vom Mai 1933 vollzieht er intellektuell, hochschulpolitisch und öffentlich die »Gleichschaltung« mit dem »Dritten Reich«.

Baudelaires ›Der Abgrund‹ aus den ›Fleurs du mal‹ könnten angemessen die existenzielle Angst veranschaulichen. Mit der Promotion ist zwar nicht Bachmanns philosophische Beschäftigung abgeschlossen, doch der Primat der Kunst steht damit für sie fest. In ›Der Fall Franza‹ wird Bachmann das Schlusswort der Doktorarbeit aufgreifen. »Ich rede über die Angst. Schlagt alle Bücher zu, das Abrakadabra der Philosophen, dieser Angstsatyrn, die die Metaphysik bemühen und nicht wissen, was die Angst ist. Die Angst ist kein Geheimnis, kein Terminus, kein Existential, nichts Höheres, kein Begriff, Gott bewahre, nicht systematisierbar. Die Angst ist nicht disputierbar, sie ist der Überfall, sie ist der Terror, der massive Angriff auf das Leben.«

Die Arbeit reicht sie am 19. Dezember 1949 ein, das Promotionsverfahren ist am 23. März 1950 abgeschlossen. Von Heideggers politischer Vergangenheit und philosophischem Denken distanziert sie sich ein Jahrzehnt später nochmals. Heidegger, der ihre Dissertation gelesen hatte, lädt Bachmann und Paul Celan ein, für eine Festschrift zu seinem 70. Geburtstag ein Gedicht beizusteuern. Beide lehnen Heideggers Anfrage ab.

Neben dem Studium, das sie in der Mindestzeit absolviert, bemüht Bachmann sich um literarische Kontakte. Schon vor ih-

24 Francisco de Goya: ›Kronos verschlingt seine Kinder‹ (1820–23). Nach der Verkündigung, dass ihn einer seiner Söhne entmachten wird, verschlingt Kronos seine Kinder. Der jüngste Sohn, Zeus, der versteckt werden kann, überwältigt Kronos, der die verschlungenen Kinder wieder von sich gibt. Das Bild gehört zu den ›Pinturas negras‹, den schwarzen Bildern, die Goya in den letzten Lebensjahren als Ausdruck eigener Alpträume, Angstzustände und Visionen an die Wände seines Hauses malte.

rer Ankunft in Wien schickte sie Gedichte an den Lyriker und Redakteur Rudolf Felmayer in Wien: »Da ich in kurzer Zeit nicht mehr in der Lage sein werde, die Mittel für mein Studium aufzubringen, dachte ich an die Möglichkeit der Veröffentlichung literarischer Arbeiten. Allerdings zweifle ich sehr am Gelingen meiner Absicht. – Ich bitte Sie nun sehr, mir einen Weg zu zeigen, den ich, auch jung und unbekannt, gehen kann« (Obervellach, 23. Juli 1946). Aus diesem Bittbrief ergibt sich zunächst nichts. Zielstrebig und entschlossen stellt sie in der Folgezeit zahlreiche Verbindungen zum Wiener Kulturbetrieb her, so dass sie drei Jahre später Felmayers Angebot zur Mitarbeit an einer Anthologie junger österreichischer Literaten ablehnen kann.

Wichtigster Treffpunkt junger Schriftsteller und Künstler ist der Kreis um Hans Weigel im Café Raimund. Kaum ein Autor im Nachkriegs-Wien hat nicht diesen Umschlagplatz für Literatur aufgesucht: Ilse Aichinger, H. C. Artmann, Thomas Bernhard, Milo Dor, Jeannie Ebner, Reinhard Federmann, Gerhard Fritsch, Ernst Jandl, Friederike Mayröcker u. v. a. Nachdem Bachmann im Herbst 1947 mit Weigel in Kontakt getreten ist – Anlass war ein Interview, das sie mit Weigel für eine Besprechung seiner Revue ›Seitensprünge‹ führte –, gehört sie bald zum engeren Kreis im Café Raimund. Aus dieser Bekanntschaft wurde, so Weigel, eine »sehr intensive Freundschaft« über Jahre. Die 1998 in Weigels Bibliothek entdeckten Briefe Bachmanns zeigen ihre anfängliche naive Schwärmerei für den 18 Jahre älteren Weigel. So schreibt sie ihm im Mai 1948: »Ich habe jetzt ganz wirklich einen vierzigjährigen Mann, ach ich bin sehr glücklich, ich bin ganz verlegen, beinahe ein bisschen verliebt, obwohl mir das mit meinen Jahren nicht gut stehen kann. Hast du mich verstanden: Ich habe dich lieb.« Durch die Beziehung mit Weigel findet Bachmann schnell Zugang zum Kultur- und Künst-

Hans Weigel (1908–91), Herausgeber, Übersetzer und Autor zahlreicher Romane, Erzählungen, Essays, Kritiken und Anthologien. Von 1938 bis 1945 im Schweizer Exil. Der Weigel-Kreis im Café Raimund ist der zentrale Treffpunkt junger österreichischer Autoren, deren Texte in Weigels Anthologie ›Stimmen der Gegenwart‹ (1951–56) publiziert werden.

lerleben in Wien. Folgenreiche Verbindungen zu Autoren, Zeitungen, Zeitschriften und Verlagen werden dem Weigel-Kreis entspringen, wobei Bachmann auch unabhängig von Weigel Kontakte knüpft und sich aktiv im Kulturbetrieb umtut. Der literarische Mentor macht sie zudem mit der Topografie seiner Heimatstadt vertraut, er bringt ihr die Mentalität der Bewohner nahe, und aus der Klagenfurterin wird nach und nach eine Wienerin. Obwohl Bachmann insgesamt nur sieben Jahre in Wien lebt, wird Wien zum wichtigsten literarischen Schauplatz in ihrem Werk werden.

Der Einblick in die Befindlichkeiten, Verschlungenheiten und Feindseligkeiten der Wiener Kulturszene dürfte nachhaltig auf Ingeborg Bachmann gewirkt haben. Im Gegensatz zu Deutschland gibt es in Österreich keine »Stunde Null«. Die österreichische Regierung deklariert sich als erstes Opfer Hitlerdeutschlands, man möchte die nationalsozialistischen Jahre ausblenden und an die große österreichische Geschichte anknüpfen. Alexander Lernet-Holenia, einer der tonangebenden Schriftsteller der Nachkriegszeit in Wien, hat diese Anschauung im Oktober 1945 auf den Punkt gebracht: »In der Tat brauchen wir nur dort fortzusetzen, wo uns die Träume eines Irren unterbrochen haben …, wir sind im besten und wertvollsten Verstande unsere Vergangenheit.« Auch Hans Weigel scheut eine direkte Konfrontation mit der Nazizeit, von der er als vertriebener Jude immerhin

25 Hans Weigel und sein Kreis im Café Raimund

unmittelbar betroffen war. Seine euphemistische Formulierung von »Weggewesenen« und »Dagebliebenen« für die Zeit zwischen 1938 und 1945 lässt einen hohen Grad an Verleugnung des Erlittenen erkennen. Weigels Umgang mit den sieben Jahren Hitlerdiktatur ist allerdings repräsentativ für die Nachkriegsideologie in Österreich, denn eine seltsame Opfer-Täter-Gemeinschaft hat sich dort zusammengefunden. Verfolgte Juden und innere Emigranten dominieren die intellektuellen Zirkel, deren beiderseitigem Gebot der Verdrängung sich die junge Generation beugen muss. Politische Gräben brechen durch den Kalten Krieg auf, der in Österreich und Wien durch die Aufteilung in Besatzungszonen deutlich spürbar ist. Dadurch werden weniger die Abgründe des Nationalsozialismus als vielmehr neue Frontverläufe sichtbar. Statt gemeinsam den Faschismus aufzuarbeiten, wird der Kommunismus zum Streitpunkt; antisemitische und antiintellektuelle Tendenzen der Bolschewisten befördern diese Abwehrhaltung. Der jüdische Emigrant und konservative Antikommunist Weigel ist eine exemplarische Gestalt dieser Jahre. Bachmann musste eine solche Geisteshaltung befremdlich vorkommen, und wie in ihr und Weigel die gegensätzliche Geschichte und Herkunft aufeinander getroffen sind, veranschaulichen die jeweiligen literarischen Bearbeitungen dieser Verbindung.

1951 erscheint Weigels Roman ›Unvollendete Sinfonie‹, eine Liebesgeschichte zwischen einem nach Wien zurückgekehrten jüdischen Emigranten und einem jungen Mädchen aus der Provinz. Der Roman über »Wien und Wiederkehr«, so Weigel, lasse die Beziehung über das Persönliche hinaus zum großen Prüfstein werden, »daß zwei getrennte Welten zueinander wiederkehren und neu ineinander aufgehen«. Die ›Unvollendete Sinfonie‹ hat bei ihrem Erscheinen kaum Resonanz gefunden, nicht zuletzt wohl aus ästhetischen Gründen. Dass es ein

»Glücklich ist, wer vergißt, was doch nicht zu ändern ist.« Das ersetzt zehn Gebote und hundert philosophische Systeme.

Aus Hans Weigel, ›Unvollendete Sinfonie‹ (1951)

Schlüsselroman über seine »Kollegin« Ingeborg Bachmann und ihn selbst sei, gibt Weigel 1991 im Nachwort der Neuauflage preis. In der Absicht, seinem Ruhm als literarischem Entdecker noch den des Liebhabers hinzuzufügen, legt er ungewollt eine Fährte zu ›Malina‹, wo sich eine Antwort auf die ›Unvollendete Sinfonie‹ findet (Elke Brüns).

Den Beginn von Weigels Roman – »Der Ort ist Wien. Und die Zeit ist heute.« – greift Bachmann am Anfang von ›Malina‹ auf: »Zeit Heute / Ort Wien«. Darauf folgt jeweils eine Reflexion über die Zeitangabe, in der das Erinnerungsverfahren der Texte überdacht wird. Weigel appelliert in seinem Roman an die heilsame Macht der Erinnerung: »Man ist seine Vergangenheit und man hat sie. Aufbewahrt, geborgen und gerettet, ist in ihr alles unvergänglich geworden, was jemals in die Zeit getreten ist.« Bachmann widerruft am Beginn des Traumkapitels ein solches Erinnerungsprogramm: »Der Ort ist diesmal nicht Wien. … Die Zeit ist nicht heute. Die Zeit ist überhaupt nicht mehr, denn es könnte gestern gewesen sein, lange her gewesen sein, es wird einiges nie gewesen sein.« Macht und Ohnmacht der Erinnerung zeigen zwei gegensätzliche Positionen in der Nachkriegskultur. Weigel versucht in ›Unvollendete Sinfonie‹ eine Brücke zum Gestern zu bauen, Bachmann macht den Bruch mit der Vergangenheit sichtbar.

Die Bezüge zwischen den beiden Texten, die damit nicht erschöpft sind, zeigen Bachmanns Auseinandersetzung mit einer Geschichtsklitterung, wie sie Hans Weigel betrieben hat. Zwischen ›Unvollendete Sinfonie‹ (1951) und ›Malina‹ (1971) erschien Bachmanns Erzählband ›Das dreißigste Jahr‹ (1961). In ›Unter Mördern und Irren‹ ist eine Stammtischrunde portraitiert, die von Weigels Kreis im Café Raimund beeinflusst sein dürfte. In der Gemeinschaft aus Tätern und Opfern – Mördern und Irren – wird die Frage aufgeworfen, wie diese »jämmerliche

Der Diskurs über Raum und Zeit nach dem Holocaust in Weigels und Bachmanns Romanen ist dem Stück ›Synchronisation in Birkenwald‹ (1948) von **Viktor E. Frankl** (1905–97) entlehnt. Weigel war mit dem berühmten Psychologen, dessen Buch ›Ein Psychologe erlebt das Konzentrationslager‹ (1946) millionenfach verkauft wurde, befreundet und widmete ihm die ›Unvollendete Sinfonie‹. Bachmann belegte bei Frankl Psychologie-Seminare an der Wiener Universität.

Einträchtigkeit« nur möglich sein kann: »Verstehst du, ... warum wir beisammen sitzen?« fragt ein Jude den anderen. Die beiden sitzen mit ehemaligen Nazis zusammen, weil »diese Welt aus Eulenspiegeleien, Mutproben, Heroismus, Gehorsam und Ungehorsam, jene Männerwelt« ist, in der »Ruhm« wichtiger als »Scham« ist. ›Unter Mördern und Irren‹ weist damit auf ein zentrales Thema des ›Todesarten‹-Zyklus hin: Es sind dieselben mörderischen Strukturen, die Frauen seit Jahrtausenden zu Opfern des Patriarchats machen und Juden zu Opfern des Holocaust machten. Ingeborg Bachmann hat dies mit einer anderen Luzidität durchschaut als ihre männlichen Kollegen: die Kontinuität politischer und kultureller Herrschaft von den »Männergesangsvereinen« (›Malina‹) des nazistischen Kärnten über die intellektuellen Stammtischrunden der Nachkriegszeit (›Unter Mördern und Irren‹) bis zu den leeren Versprechungen der 68er-Bewegung (›Simultan‹).

Neben dem Weigel-Kreis gibt es auch Nebenschauplätze, die in Bachmanns spätere Verarbeitung solcher Literatenkreise mit eingeflossen sein dürften. Der nach Wien zurückgekehrte Emigrant Harry Goldmann in ›Requiem für Fanny Goldmann‹, einem abgebrochenen Roman des ›Todesarten‹-Zyklus, lässt auch an Hermann Hakel (1911–87) denken, ebenfalls ein jüdischer Remigrant. Im Jahr 1948 trifft Bachmann auf Hakel, neben Weigel der zweite Platzhirsch im literarischen Wien nach dem Krieg. Hakel ist im österreichischen P.E.N.-Club für die Jugendförderung verantwortlich und gibt die Kulturzeitschrift ›Lynkeus‹ heraus. Im Eröffnungsheft Dezember 1948/Januar 1949 erscheinen vier Gedichte von Bachmann – ihre ersten Lyrikpublikationen überhaupt. Hakel, Kontrahent von Weigel und von Bachmann als Liebhaber zurückgewiesen, sollte sich später mehrfach gehässig über »das nachlässige, schlampige und manchmal burschikose Mädchen« zu Wort melden, dessen stei-

Heimito von Doderer (1896–1966) ist in der Figur des Haderer in ›Unter Mördern und Irren‹ (1961) durch Namen, Physiognomie und Biografie deutlich portraitiert. Doderer, Offizier in beiden Weltkriegen mit Nähe zum Nationalsozialismus, ist eine dominierende Gestalt in der unmittelbaren Nachkriegszeit in Österreich und das Pendant zu Weigel: Beide sind konservative, traditionsbewusste und patriarchalische Wortführer, in denen die Symbiose aus »Dagebliebenen« und »Weggewesenen« exemplarisch vollzogen wird.

le Karriere er mit Fassungslosigkeit registriert. Weigel wiederum, der schon während der Beziehung mit Bachmann nicht frei von Eifersucht ist, kann ihre allmähliche Loslösung nur schwer ertragen. Bei ihrem Weggang aus Wien im Jahr 1953 hat sich die Freundschaft schon sehr gelockert, 1958 kommt es zum endgültigen Bruch: Auf Bachmanns Beitritt zum westdeutschen »Komitee gegen die Atomrüstung« reagiert Weigel mit einem anmaßenden Offenen Brief. Er ist empört, wie sie ihre »Kompetenzen als Lyrikerin und als Österreicherin« derart überschreiten konnte – »noch dazu als Dame«. Hakel und Weigel können beide nicht ihren Neid über Bachmanns Erfolg verbergen und nehmen es ihr offenbar übel, dass sie Wien den Rücken zukehrt und im Ausland in dieser »halblinken Bande«, so Hakel über die Gruppe 47, große Anerkennung findet. Bachmanns Abkehr von den einstigen Förderern und ihr kritischer Blick auf die verlogenen Männerstammtische dürften die eigentlichen Gründe für deren spätere Animositäten sein.

Parallel zu Studium und Dissertation verfasst Bachmann mehrere literarische Texte. Allein im Jahr 1949 werden acht Erzählungen in der ›Wiener Tageszeitung‹ – den zuständigen Redakteur hat sie im Café Raimund kennen gelernt – gedruckt. Eine dieser Erzählungen, ›Die Fähre‹ (24. April), ist eine revidierte Fassung ihrer ersten Publikation aus der ›Kärntner Illustrierten‹ vom 4. August 1946, die laut Datierung auf dem Originalmanuskript – Klagenfurt, 8. Juli 1945 – bereits ein Jahr zuvor entstanden ist. Diese erste Veröffentlichung von Ingeborg Bachmann ist noch den Themen und Motiven anderer früher Arbeiten verpflichtet, auch wenn schon eine Verdichtung und Chiffrierung von Landschafts- und Personenbeschreibungen erkennbar sind. Die Hälfte der acht Erzählungen von 1949 ist nicht in die Werkausgabe aufgenommen worden: ›Das schöne Spiel‹ (1. April), ›Das Ufer‹ (3. Juli), ›Die Versuchung‹ (7. Au-

Im ersten Hörspiel ›**Ein Geschäft mit Träumen**‹ (1952) – inspiriert von Günter Eichs Hörspiel ›Träume‹ (1951) – findet über das Medium des Traums erstmals eine Auseinandersetzung mit zerstörerischen Mechanismen wie Krieg und Gewalt statt, denen die absolute Liebe als utopisches Gegenbild gegenübersteht: »Ja, wir werden ewig jung sein und nie sterben. Wir werden für immer beisammen sein und nichts soll uns trennen. Unser Haus wird auf den Quellen des Lebens stehen, wir werden in allen Geheimnissen seiner wechselnden Mauern wohnen. Und in den Spiegeln des Grundes kann ich deine schöne Gestalt vertausendfältigt sehen.«

gust) und ›Die Mannequins des Ibykus‹ (16. Oktober). In der gesamten Serie aus dem Jahr 1949 überwiegen mythisch-religiöse Inhalte. In ›Das Lächeln der Sphinx‹ (25. September), parallel zur Dissertation entstanden, fließt eine philosophisch grundierte Zivilisations- und Aufklärungskritik ein.

›Das schöne Spiel‹ ist die einzige Erzählung dieser Reihe, die konkret in der Nachkriegszeit angesiedelt ist. Ein paar Kinder finden sich für »das verbotene, schönste Spiel« zusammen, indem sie eine »großartige Schlacht« mit Angriff, Bomben und Toten in Szene setzen. Als ein Zug mit Kriegsversehrten an ihnen vorbeizieht, beenden die Kinder das Spiel und gehen nach Hause. Der Einbruch des Krieges beraubt sie der Möglichkeit, im Spiel das reale Grauen zu bannen: »Es ist kein schönes Spiel mehr.«

Idee und Titel von ›Das schöne Spiel‹ stehen in engem Bezug zu Ilse Aichingers ›Die größere Hoffnung‹. Der Roman, 1948 im Amsterdamer Exilsitz des Bermann-Fischer-Verlages erschienen, macht die siebenunzwanzigjährige Aichinger auf Anhieb zu einer der wichtigsten Stimmen in der Nachkriegsliteratur. Das Mädchen Ellen, Halbjüdin im Wien der Nazizeit, erhält sich in einer Welt aus Traum und Phantasie »die größere Hoffnung«, nachdem »die große Hoffnung« eines Ausreisevisums gescheitert ist. Daraus sprechen auch ihr Widerstand gegen die Diktatur und ihre Auseinandersetzung mit dem Tod. Am Ende wird Ellen von einer Granate in Stücke gerissen. Im Kapitel ›Das große Spiel‹ finden Wunsch- und Angstträume besonders eindrücklich zusammen. Ellen und ihre Freunde führen die Weihnachtsgeschichte auf, doch hat sich in das Spiel ein Häscher der Geheimpolizei eingeschlichen. Um sie bis zur Verhaftung festzuhalten, muss er einen der Heiligen Drei Könige spielen – die Kinder können entkommen. Bachmanns ›Das schöne Spiel‹ erzählt ebenso vom Einbruch der Geschichte in

Ilse Aichinger (*1921) überlebt als Halbjüdin die Nazizeit mit ihrer Mutter in Wien. 1945 Beginn eines Medizinstudiums, das sie bald abbricht. Nach dem Erfolg des Romans ›Die größere Hoffnung‹ (1948) und dem Preis der Gruppe 47 für die ›Spiegelgeschichte‹ (1952) ist sie eine der wichtigen Autorinnen der Gegenwart. 1953 Heirat mit dem Schriftsteller Günter Eich. Lebt seit 1988 wieder in Wien.

die Kinderwelt. Allerdings schlagen sich in Aichingers Roman und Bachmanns Erzählung die unterschiedlichen Lebensgeschichten der Autorinnen nieder, »die Erinnerung an das Ende kindlicher Geborgenheit dort, an das Ende kindlicher Unschuld hier« (Sigrid Weigel).

Bachmann lernt Aichinger im Weigel-Kreis kennen, als gerade ›Die größere Hoffnung‹ erschienen ist. Die beiden sind bald sehr eng befreundet und gelten eine Zeit lang als unzertrennlich. Bachmann habe Aichingers Erfolg imponiert, und sie habe der fünf Jahre älteren Freundin in vielem nachgeeifert, berichten gemeinsame Bekannte aus dieser Zeit einstimmig; Weigel spricht von einer »imitatio Ilse«. Hilde Spiel erinnert sich an die beiden als »zwei schöne, schüchterne Geschöpfe«, die »in einer Zeit, die bereit war, neue und kühne Stimmen zu hören«, ins Rampenlicht der Öffentlichkeit treten. Der literarische Erfolg von Aichinger und Bachmann verläuft kurzzeitig im Gleichklang. 1952 erhält Aichinger den Preis der Gruppe 47 für die ›Spiegelgeschichte‹, Bachmann wird der Preis ein Jahr später für ihr Gedicht ›Große Landschaft bei Wien‹ zugesprochen. Nach der Anerkennung in Deutschland verlassen beide Österreich, und ihre Wege trennen sich allmählich. Aichinger lebt ab 1953 in Deutschland, verheiratet mit dem Schriftsteller Günter Eich, Bachmann führt ein unstetes Leben zwischen Italien, Deutschland, Österreich und der Schweiz. Bachmann ist jedoch in den fünfziger Jahren mehrfach bei Aichinger und Eich zu Besuch. Der Kontakt bricht Anfang der sechziger Jahre ab, weil Bachmann nach der Trennung von Max Frisch mehr Solidarität von Aichinger erwartet hatte. Uwe Johnson versucht im Jahr 1970 vergeblich zwischen Aichinger und Eich einerseits und Bachmann andererseits zu vermitteln.

Ilse Aichingers ›Die größere Hoffnung‹ hat nicht nur in ›Das schöne Spiel‹ – eine Vorstufe zu der zehn Jahre später publi-

26 Ilse Aichinger, 1960

zierten ›Jugend in einer österreichischen Stadt‹ –, sondern auch in anderen Texten Bachmanns Spuren hinterlassen. Die Idee zu Bachmanns erstem Hörspiel ›Ein Geschäft mit Träumen‹ (1952) basiert auf einem Satz aus Aichingers Roman: »Der erste Käufer ging, weil er keinen Sinn für die Beziehung zwischen Traum und Geschäft hatte.« Und die ›Malina‹ zugrunde liegende Konstellation eines faschistischen Vaters, der seine Tochter erniedrigt, ist in ›Die größere Hoffnung‹ vorgegeben. Ellen erkennt in einem Trupp Soldaten, der ihren Ariernachweis verlangt, ihren Vater. »Ihr Vertrauen umbrauste sie und ließ sie landen, in der Ödnis eines entlarvten Landes, mitten in der Qual und Bitterkeit ihrer Enttäuschung. Mit einem Sprung war sie an seinem Hals, und sie küßte ihn. Aber da hatte er sich schon besonnen, löste gewaltsam ihre Hände von seinen Schultern und stieß sie ein wenig von sich.« Ellen wird von ihrem Vater im Dunkel zurückgelassen.

Das Vater-Tochter-Verhältnis als Täter-Opfer-Konstellation gestaltet Ingeborg Bachmann erstmals in dem um 1950 entstandenen ›Anna-Fragment‹. Eine verdrängte Erinnerung bricht in Anna auf, in der sie den Vater als Mörder erkennt. »›Er ist nicht mein Vater!‹ gestand sie in der Hölle ihres Herzens, ›er ist nicht mein Vater!‹ schlugen ihre Gedanken darüber zusammen. ›Ich habe mich betrogen, ich habe ihm gedient, ich habe ihm mein Blut verkauft für eine Gebärde verwerflicher Zugehörigkeit, ich bin an seiner Seite durch die Feste der Finsternis gegangen und über die Leichen ihm Verschuldeter. Ich habe ihm meine Träume verraten und die seinen dafür eingetauscht …‹«. In ›Malina‹ wird die Wendung »Es ist nicht mein Vater. Es ist mein Mörder« zur Gedächtnisformel einer Auseinandersetzung mit der schuldbeladenen Vätergeneration werden.

Das ›Anna-Fragment‹ gehört wahrscheinlich zu Bachmanns verschollenem Roman ›Stadt ohne Namen‹. Im April 1947 er-

Oh, Träume sind wachsamer als Taten und Ereignisse, Träume bewachen die Welt vor dem Untergang, Träume, nichts als Träume!
Aus Ilse Aichinger,
›Die größere Hoffnung‹ (1948)

wähnt sie in einem Brief an die Eltern erstmals das Romanvorhaben. Nach ablehnender Kritik erster Teile im Jahr 1948 arbeitet sie den Text um. In der Endphase der Niederschrift überkommen sie Zweifel wegen des Schlusses, wie sie Weigel in einem Brief gesteht: »Ich hab' noch nie gespürt, dass man beim Schreiben so wesentlich versagen kann.« Das fertige Manuskript schickt sie 1951 an mehrere Personen und Verlage. Heimito von Doderer notiert am 2. Januar 1952 in seinem Tagebuch die »Lektüre eines jungen Autors, Ingeborg Bachmann, deren Buch ›Stadt ohne Namen‹ mir im Manuscripte vorliegt«. Doderer, Weigel und Aichinger setzen sich vergeblich für eine Publikation ein. Zuletzt bietet sich in dem unbekannten Wiener Herold-Verlag eine Veröffentlichung an, allerdings unter Vorbehalt einer Umarbeitung, mit der Bachmann nicht einverstanden ist. Sie nimmt das Manuskript wieder an sich und hat es danach vernichtet, wie sie 1953 in einem Interview erzählt; ihre Schwester erinnert sich, wie Ingeborg Bachmann in dieser Zeit einmal einen riesigen Packen Manuskripte im Ofen des Klagenfurter Hauses verheizte. Nach Weigels Mitteilung ist der kurze Text ›Der Kommandant‹ eine dem Roman vorausgehende Erzählung, die sie im Anfangskapitel des Romans abgewandelt habe. Die Herausgeber des ›Todesarten‹-Projektes halten das im Nachlass erhaltene ›Anna-Fragment‹ durch Bezüge zu ›Der Kommandant‹ für eine Vorstufe des Romans. Beide Texte, die nur wenig über die gesamte Anlage des Romans verraten, erinnern durch ihre klaustrophobische Atmosphäre an Kafkas Romane und Maupassants phantastische Erzählungen.

Die Texte aus dem Umfeld von ›Stadt ohne Namen‹ stellen den ersten Versuch in ihrem Werk dar, sich einer verratenen und geraubten Geschichte zu stellen. Bachmanns Umgang mit Verfolgten der Hitlerdiktatur – von Jack Hamesh über Hans

---

Paul Celan (eigentlich Paul Antschel, 1920–70). Sein lyrisches Werk – magisch und hermetisch, zeitkritisch und utopisch – gilt als Höhepunkt der Moderne. Herausragende Übersetzungen aus mehreren Sprachen (u. a. Rimbaud, Valéry, Mallarmé, Breton, Mandelstam, Shakespeare, Ungaretti). Gedichtbände: ›Mohn und Gedächtnis‹ (1952), ›Von Schwelle zu Schwelle‹ (1955), ›Sprachgitter‹ (1959), ›Die Niemandsrose‹ (1963), ›Atemwende‹ (1967), ›Fadensonnen‹ (1968), ›Lichtzwang‹ (1970 postum), ›Schneepart‹ (1971 postum).

Weigel bis zu Ilse Aichinger – hat diese persönliche Auseinandersetzung sicher forciert. Ein jüdischer Emigrant öffnet ihr ein für allemal die Augen für die geschichtliche Katastrophe.

Am 16. Mai 1948 lernt Ingeborg Bachmann Paul Celan kennen. In den nächsten Tagen sei ihr Zimmer »voll mit Mohnblumen« gewesen, schreibt sie an die Eltern. Die Begegnung in der Wohnung des surrealistischen Malers Edgar Jené ist der Beginn einer lebenslangen Beziehung. Celan, der sich seit Dezember 1947 in Wien aufhält, wird schon im Juli 1948 in sein endgültiges Exil nach Paris aufbrechen – »Leider muss er in einem Monat nach Paris«, berichtet Bachmann den Eltern am 20. Mai –, doch wird die Verbindung in den wenigen gemeinsamen Wochen in Wien sehr eng. In Paris probieren Bachmann und Celan im Herbst 1950 das Zusammenleben. Nach zwei Monaten reist Bachmann von Paris weiter nach London. Über das Scheitern dieser Beziehung berichtet sie Weigel aus Paris: »Weil wir aus unbekannten, dämonischen Gründen uns gegenseitig die Luft wegnehmen.« Der Briefwechsel zwischen Bachmann und Celan ist von den jeweiligen Erben gesperrt. Die »Liebesbeziehung auf Entfernung«, wie sie der gemeinsame Schriftstellerfreund Milo Dor nannte, dauert bis zu Celans Tod – sie findet in einem einzigartigen literarischen Dialog ihren Ausdruck.

Paul Celan entstammt einer deutsch-jüdischen Familie aus Czernowitz in der Bukowina. Die südöstlichste Kronkolonie des Habsburgerreiches fiel 1918, zwei Jahre vor Celans Geburt, an Rumänien. Celan wächst in eine Geisteslandschaft mit deutschen, jüdischen, französischen und rumänischen Einflüssen hinein. 1940 besetzen sowjetische Truppen die Bukowina, 1941 marschieren die

27 Paul Celan 1948

Nazis ein. Während sich Celan in einer Fabrik verstecken und so der Deportation entgehen kann, werden seine Eltern in ein KZ verschleppt und umgebracht. Er selbst kommt in ein rumänisches Arbeitslager. Nach Kriegsende geht er nach Bukarest, wo er bis 1947 als Übersetzer und Lektor tätig ist.

In Wien erscheint 1948 sein erster Gedichtband, ›Der Sand aus den Urnen‹. Das Buch ist allerdings von Druckfehlern dermaßen entstellt, dass Celan es zurückzieht. In ›Mohn und Gedächtnis‹ (1952) nimmt er die Hälfte von ›Der Sand aus den Urnen‹ auf, darunter die ›Todesfuge‹, mit der Celan im deutschsprachigen Raum debütierte und schlagartig berühmt wurde; die rumänische Fassung erschien bereits 1945 in Bukarest. In dieser Litanei des Holocaust kommt das Unsagbare dennoch zur Sprache: »Schwarze Milch der Frühe wir trinken dich nachts / wir trinken dich mittags der Tod ist ein Meister aus Deutschland.«

Celan lernt 1948 den Weigel-Kreis kennen und ist 1952 mit Bachmann bei einer Tagung der Gruppe 47 – in beiden Kreisen fühlt er sich nicht wohl. Nach seinen eigenen traumatischen Erlebnissen kann er weder das Schweigen in Österreich noch die Unbekümmertheit in Deutschland ertragen. Seine politische Unerbittlichkeit führt in beiden Gruppierungen zu Missbilligungen, und die Bedeutung seiner Lyrik wird nicht erkannt. Über die Weigel-Runde fällt Celan ein scharfes Urteil: »Geschwätz und Diskussionen, die mich nicht interessierten, sonst nichts.« Wien bleibt für ihn nur eine kurze Episode, eine Zwischenstation auf dem Weg von Bukarest nach Paris, aber Wien birgt das »Geheimnis der Begegnung« mit Ingeborg Bachmann.

Die geistige und literarische Dimension dieser Freundschaft wird wohl nie vollends erschlossen werden. Bereits in Celans ›Mohn und Gedächtnis‹ (1952) sind ein Drittel der Gedichte der Freundin zugeeignet, worauf Bachmann in ihrem ersten Ge-

Die ersten Tage, in denen sie Trotta suchte und floh und er sie suchte und floh, waren das Ende ihrer Mädchenzeit, der Anfang ihrer großen Liebe, ... die große Liebe, die unfaßlichste, schwierigste zugleich, von Mißverständnissen, Streiten, Aneinan-

dichtband ›Die gestundete Zeit‹ (1953) antwortet. Zwischen den beiden beginnt ein jahrzehntelanger literarischer Dialog über Liebe, Kunstästhetik und Politik. ›Malina‹, ein Jahr nach Celans Tod erschienen, sei »eine einzige Anspielung auf Gedichte«, so Bachmann zu Christine Koschel. ›Die Legende der Prinzessin von Kagran‹ im ersten Teil des Romans ist inzwischen als anspielungsreiche und chiffrierte Huldigung an Gedichte Celans entziffert worden. Bachmann hat die märchenhafte Geschichte erst nach dem Tod des Freundes geschrieben und zuallerletzt an den Verlag gesandt, wo schon der Haupttext bearbeitet wurde. In einem Satz der ›Legende‹ bricht die Erschütterung durch, dass der Freund von seinen Traumata endgültig vernichtet worden ist. »Mein Leben ist zu Ende, denn er ist auf dem Transport im Fluß ertrunken, er war mein Leben. Ich habe ihn mehr geliebt als mein Leben.« Paul Celan hat sich im April 1970 in der Seine ertränkt.

Welche Bedeutung die Begegnung 1948 für Ingeborg Bachmann hatte, lässt eine Passage in ihrer letzten Erzählung ›Drei Wege zum See‹ (1972) ahnen. Die Protagonistin Elisabeth Matrei erinnert sich ihrer 20 Jahre zurück liegenden Liebe zu Franz Joseph Trotta. Obwohl Trotta auch Züge von Joseph Roth und Jean Améry trägt, ist die Hommage an Paul Celan deutlich.

Nach dem gescheiterten Zusammenleben mit Celan reist sie im Dezember 1950 von Paris nach London. Dort wohnt sie bis Februar 1951 bei Ilse Aichingers Zwillingsschwester Helga. Bachmann liest bei der Anglo-Austrian Society in London und kommt in Kontakt mit jüdisch-österreichischen Schriftstellern wie Hilde Spiel, Erich Fried und Elias Canetti. Mit den drei Emigranten entstehen jeweils Freundschaften, die Bachmann wiederholt nach London führen werden. Hilde Spiel erinnert sich daran, wie ausgelassen sie in London war und wie sie mit Helga Aichinger Späße trieb. In anderen Dokumenten dieser

dervorbeisprechen, Mißtrauen belastet, aber zumindest hatte er sie gezeichnet, … weil er sie zum Bewußtsein vieler Dinge brachte, seiner Herkunft wegen, und er, ein wirklich Exilierter und Verlorener, sie, eine Abenteurerin, die sich weiß Gott was für ihr Leben von der Welt erhoffte, in eine Exilierte verwandelte, … und ihr die Fremde als Bestimmung erkennen ließ.

Aus ›Drei Wege zum See‹ (1972)

Zeit kommen jedoch auch ihre Niedergeschlagenheit und Orientierungslosigkeit zum Ausdruck. Weder die ersten kleinen Publikationen noch das Studium bieten ihr eine klare Existenzmöglichkeit. Die Wissenschaftskarriere, die sie kurz erwog, scheitert am mangelnden Stellenangebot der Wiener Universität. Ihre einzige universitäre Verpflichtung bleibt eine Krankheitsvertretung im Sommersemester 1950, als sie das Seminar »Philosophie der Gegenwart« leitet. Ihre Beschäftigung mit zeitgenössischer Philosophie setzt sich allerdings weiter fort. In England versucht sie vergebens mit dem schwerkranken Ludwig Wittgenstein in Kontakt zu treten, der dann wenige Wochen später, am 29. April 1951, in Cambridge stirbt. Mit dem Autor des ›Tractatus logico-philosophicus‹ (1921), auf den Bachmann sich schon in ihrer Dissertation bezog, beschäftigt sie sich in den fünfziger Jahren noch eingehend.

Nach der Rückkehr aus London ist sie mit der Fertigstellung des Romans ›Stadt ohne Namen‹ beschäftigt. Um sich ökonomisch das Überleben zu sichern, arbeitet sie mehrere Monate im Sekretariat der amerikanischen Besatzungsbehörde, die sich in der Seidengasse 13 im siebten Wiener Bezirk befindet. Sie tippt vor allem Texte für die von den Amerikanern herausgegebene Zeitung ›Neues Österreich‹ ins Reine. »Ich hoffte natürlich, ich würde an der Universität bleiben, aber das war dann nicht möglich, und ich bin eben in ein Büro gegangen, Matrizenschreiben, Sekretärin wäre zuviel gesagt. Es war schon ein Glück, in diesen Jahren in Wien überhaupt eine Stelle zu finden.«

Ein Stockwerk über der Besatzungsbehörde befindet sich der ebenfalls von den Amerikanern verwaltete Radiosender Rot-Weiß-Rot. In dem Sender sucht man vor allem junge, politisch unbelastete Mitarbeiter, und im September 1951 beginnt Bachmanns Tätigkeit bei Rot-Weiß-Rot. Zunächst arbeitet sie im

28 Ausweis für den alliierten Sender Rot-Weiß-Rot ▶

Script-Departement, wo sie mit der Prüfung, Durchsicht und Bearbeitung von Manuskripten beschäftigt ist. Bald wechselt sie in die Redaktion, wo sie eigene Beiträge verfasst. Bachmann ist wesentlich an Konzeption und Form der wöchentlich ausgestrahlten ›Radiofamilie‹ beteiligt, für die sie auch Dialoge schreibt; bei elf Sendungen über die Familie Floriani ist sie die alleinige Verfasserin, bei vier Sendungen ist sie die Co-Autorin. Mit Ironie und Sprachwitz geht sie auf die Probleme einer typischen Wiener Mittelstandsfamilie ein. In der Entblößung einer phrasenhaften Sprachkultur erinnern Bachmanns Folgen entfernt an Hofmannsthals Gesellschaftskomödien, wobei die banalen Gespräche auch immer wieder ins Grelle einer Seifenoper umschlagen. Bachmann erwähnt ihre tragende Funktion bei der ›Radiofamilie‹, die mit 330 Folgen zu den beliebtesten Sendungen der österreichischen Rundfunkgeschichte gehört, niemals. Ein Gespür für publikumswirksames Schreiben hat sie damit früh bewiesen.

Die Radioarbeit ist in den fünfziger Jahren, der Blütezeit des kulturellen Hörfunks, eine der einträglichsten journalistischen und schriftstellerischen Tätigkeiten, und eine Vielzahl an Autoren sichert sich damit ihr Einkommen. Bachmann erlernt dort die handwerklichen Voraussetzungen dieses Mediums, und auch nach der Festanstellung bei Rot-Weiß-Rot verfasst sie in den fünfziger Jahren mehrere Radio-Essays und Hörspiele. Da

nach der Auflösung des Senders im Jahr 1955 das Archiv vernichtet wurde, sind Bachmanns tägliche Beiträge für den Sender nicht mehr zu ermitteln. Ihre umfangreichste Arbeit bei Rot-Weiß-Rot ist ihre Übersetzung und Rundfunkbearbeitung von Thomas Wolfes Drama ›Mannerhouse‹ (1948, dt. ›Das Herrschaftshaus‹), das am 4. März 1952, ein Jahr vor der deutschen Erstaufführung des Theaterstücks, gesendet wird. Ebenso verfasst sie eine Hörfunkfassung von Franz Werfels Novelle ›Der Tod des Kleinbürgers‹ und übersetzt das Hörspiel ›The Dark Tower‹ (1946, dt. ›Der dunkle Turm‹) von Louis MacNeice. Auch ihr erstes eigenes Hörspiel, ›Ein Geschäft mit Träumen‹, wird während ihrer Tätigkeit bei Rot-Weiß-Rot am 28. Februar 1952 gesendet.

In den Erinnerungen ihrer beiden Kollegen Jörg Mauthe und Peter Weiser an die eineinhalbjährige Zusammenarbeit ist sie das ambivalente Wesen, das zu dem verbreiteten Bachmann-Image gehört: Auf der einen Seite sei sie umgänglich und lustig, auf der anderen Seite distanziert und geheimnisvoll gewesen. Weiser entsinnt sich an Bachmann als eine »kettenrauchende Meerjungfrau mit Engelhaar, die mehr flüsterte als sprach und die bei jedem Telefonklingeln zusammenschrak«. Nachdem man eines Tages Bruderschaft getrunken habe, wollte sie einen Monat später wieder aufs Sie kommen, »dann spricht es sich leichter«. Die beiden Mitarbeiter bei Rot-Weiß-Rot haben, wie auch andere Bekannte aus der Wiener Zeit, Bachmanns Kärntner Herkunft als Makel empfunden. In der Hauptstadt Wien sei sie »eine Staunende aus der Provinz« gewesen. Ihre Kränkung über den Dünkel der Wiener vertraut sie ein paar Jahre später Hans Werner Richter an: Für einen »Trampel« aus Klagenfurt habe man sie in Wien gehalten. In der Titelerzählung aus ›Das dreißigste Jahr‹ (1961) ist Wien die »Stadt ohne Gewähr ..., in der meine Ängste und Hoffnungen aus so vielen Jahren ins Netz gin-

---

›Die Radiofamilie‹ –
Folgen von Ingeborg Bachmann:

2: 16.2.52: ›Onkel Guido – Geldsorgen‹
4: 15.3.52: ›Geburtstag Wolferl – Liesl‹
9: 7.6.52 (mit J. Mauthe): ›Ferienpläne‹
10: 21.6.52 (mit P. Weiser): ›Hexenschuss‹
15: 7.9.52: ›Schulanfang‹
18: 28.9.52: ›Horoskop‹
20: 12.10.52: ›Der DP‹
21: 26.10.52: ›Erzherzog Guido‹
24: 16.11.52: ›Unliebsamer Panigl‹
29: 21.12.52: ›Weihnachtseinkäufe – Goldener Sonntag‹

gen«. Ferner ist Wien in dieser Erzählung die »Endstadt!« und die »Schweigestadt!« sowie die »Peststadt mit dem Todesgeruch!«

Mit Hans Werner Richter, dem Gründer der Gruppe 47, kommt es im April 1952 in den Räumen von Rot-Weiß-Rot zur folgenreichen Begegnung. Richter habe, so schildert er es später, auf ein Interview mit Hans Weigel in den Räumen des Senders gewartet, und da hätten Gedichte auf dem Schreibtisch gelegen. Er liest die Gedichte und ist überrascht, als er erfährt, dass sie von dem »Fräulein Bachmann« seien, das ihn zuvor in das Funkhaus gebracht hatte: »Ich glaube es nicht. Die Gedichte sind für eine Anfängerin zu vollendet, zu ausgereift, in ihrer Weltsicht und Sprache nicht die Gedichte einer jungen Frau, dieser Frau, die da vor mir steht.« Noch am gleichen Nachmittag lädt Richter sie zur nächsten Tagung der Gruppe 47 ein. Vier Wochen später sitzen sie gemeinsam im Bus nach Niendorf an der Ostsee, dem Tagungsort im Mai 1952: »Ingeborg Bachmann fuhr ihrer Zukunft entgegen, ihrem schnellen Aufstieg.«

32: 11.1.53: ›Theaterbesuch‹
41: 15.3.53 (mit P. Weiser): ›Ein Kind kommt aus Holland‹
45: 12.4.53: ›Psychologie in Purkersdorf‹
54: 5.6.53 (mit J. Mauthe): ›Kunstausstellung‹
63: 11.9.53: ›Puppenspiele II‹

29 Im Script-Departement bei Rot-Weiß-Rot, Seidengasse 13, siebter Bezirk. Jörg Mauthe links und Peter Weiser rechts

»Mein erstgeborenes Land«
Italien: Gedichte und Hörspiele

Der Omnibus ist noch da in der Erinnerung, in den man in München stieg, um an die Ostsee zu fahren, das erste Coca-Cola, das man in einem Münchner Gartencafé trank, die freundlichen Händedrücke, die lustigen Geschichten, die ein Herr erzählte, ... es schien mir ziemlich unwahrscheinlich, daß sie alle Schriftsteller sein konnten, sie hatten weder Titel, meistens nur Vornamen, sie waren nicht Professoren, Hofräte, sie gaben sich kein Air, aber sie kamen mir unwahrscheinlich lustig vor, ich hatte nie soviel lustige Menschen gesehen vorher.« Bachmann fängt 1961 die Aufbruchstimmung in der Gruppe 47 ein, die sich wesentlich von der Atmosphäre in Österreich unterschieden habe. »Es scheint, daß wir in Wien alle ziemlich wenig zu lachen gehabt haben, denn sonst wäre meine stärkste Erinnerung nicht die, eine verwandelte Ilse Aichinger zu sehen, bald angesteckt von etwas, das Jungsein, Lachen, Gelöstheit in einem war, Ansteckung durch Hoffnungen, durch mehr Weite und das Unbekümmertsein.« Diese Unbekümmertheit hatte allerdings ihre Schattenseiten, wie auch Ingeborg Bachmann bald erfahren sollte.

An den Tagungen lesen etwa 40 Autoren aus unveröffentlichten Texten – Gedichte, Szenen, Erzählungen oder Romanauszüge. Hans Werner Richter, der Gründer und Leiter der Gruppe, ruft spontan den Vortragenden zu sich nach vorne, der auf dem sogenannten »elektrischen Stuhl« Platz nimmt. Während der Lesung sind Beifallsbekundungen nicht erlaubt, die Texte werden erst anschließend diskutiert. Am Ende wäh-

---

Gruppe 47, am 10. September 1947 von Hans Werner Richter, Alfred Andersch, Heinz Friedrich, Walter Kolbenhoff, Wolfdietrich Schnurre u. a. in dem Bestreben gegründet, die junge Literatur zu sammeln und zu fördern sowie zugleich für ein demokratisches Deutschland zu wirken; Tagungen mit Lesungen und Verleihung eines Literaturpreises. 1968 fand die letzte Tagung statt, 1977 wurde die Gruppe endgültig aufgelöst.

len alle Anwesenden auf Stimmzetteln den Preisträger. Der Preis der Gruppe 47 ist unregelmäßig verliehen worden, im Schnitt bei jeder zweiten oder dritten Tagung. Da es sich um einen Förderpreis handelte, konnten bekanntere Autoren nicht mehr prämiert werden. Einflussreiche Kritiker berichteten über die Treffen, und durch die Kooperation mit Rundfunkanstalten und Verlagen entstanden wichtige Kontakte.

Das Treffen in Niendorf an der Ostsee vom 23. bis 25. Mai 1952 ist mit dem gemeinsamen Auftritt von Aichinger, Bachmann und Celan in die Annalen der Gruppe 47 eingegangen. Das Gruppenmitglied Walter Jens hält ein Jahrzehnt später in seiner ›Literaturgeschichte der Gegenwart‹ die »Sekunde des Umschlags« fest: »Dann plötzlich geschah es. Ein Mann namens Paul Celan, niemand hatte den Namen vorher gehört, begann, singend und sehr weltentrückt, seine Gedichte zu sprechen; Ingeborg Bachmann, eine Debütantin, die aus Klagenfurt kam, flüsterte, stockend und heiser, einige Verse, Ilse Aichinger brachte, wienerisch leise, die ›Spiegelgeschichte‹ zum Vortrag.« Für Aichinger und Bachmann, die Preisträgerinnen von 1952 und 1953, bedeutet der Auftritt in der Gruppe 47 den literarischen Durchbruch, für Celan ist die Teilnahme eher deprimierend.

Celan war auf Bachmanns Fursprache mit eingeladen worden. »Sie hätte«, so Richter, »einen Freund in Paris, der sei sehr arm,

30 Tagung der Gruppe 47, Niendorf an der Ostsee, Mai 1952

unbekannt wie sie selbst, schreibe aber sehr gute Gedichte, bessere als sie selbst, ob ich den nicht auch einladen könne.« In Niendorf schlägt Celan dann Unverständnis und Feindseligkeit entgegen – ausgerechnet bei der Lesung der ›Todesfuge‹. Hans Weigel, der auch in Niendorf war, erinnert sich, dass »nachher einige Kollegen höhnisch vor sich hin skandieren: ›Schwarze Milch der Frühe …‹« In der Gruppe 47 ist der Mythos gepflegt worden, gerade eine literarische Bewegung zu sein, die für einen kritischen und geschichtsbewussten Neubeginn nach dem Krieg steht.

Für Bachmann und Celan ist die Teilnahme an der Tagung in Niendorf überhaupt der erste Besuch in Deutschland, und die Erwartungen, nur wenige Jahre nach der Nazidiktatur, sind entsprechend groß. Celan durchschaut, durch die antisemitisch gefärbte Ablehnung, sehr früh das »Gesinnungs-Lametta« in Deutschland, wo selbst das Sprechen über den Holocaust zu einem Verschweigen wird. In dem Gedicht ›Mutter, Mutter‹ (1965) aus dem Nachlass kommt die Erbitterung darüber zum Ausdruck: »Vor die Messer / schreiben sie dich, / kulturflott, linksnibelungisch, mit / dem Filz- / schreiber, auf Teakholztischen, anti- / restaurativ, proto- / kollarisch, prä- / zise, in der neu und gerecht / zu verteilenden Un- / menschlichkeit Namen, / meisterlich, deutsch.«

Auch Bachmann empfindet das Verhalten mancher Teilnehmer befremdlich. Den Vorbehalt gegenüber »Turnvater Richter« und der deutschtümelnden Gruppenideologie bringt sie, mit viel Ironie, in mehreren Briefen an das befreundete Gruppenmitglied Wolfgang Hildesheimer zum Ausdruck. In dem von Richter für einen Sammelband der Gruppe angeforderten Beitrag, den Bachmann 1961 in Rom beginnt, aber nie fertigstellt, steht der irritierende Satz: »Am zweiten Abend wollte ich abreisen, weil ein Gespräch, dessen Voraussetzungen ich

---

Ich gehöre zur Gruppe 47, die aus mir unerfindlichen Gründen von allerlei törichten Legenden umwoben ist. … Mir ist höchstens aufgefallen, daß die deutschen Schriftsteller, die sich dem Verdacht aussetzen, radikale, gefährliche Ansichten zu vertreten, fast ausnahmslos derart gemäßigt denken, daß sie sich in einem anderen Land, etwa in Italien oder Frankreich, dem Verdacht aussetzen würden, zuwenig zu denken.

Bachmann über die Gruppe 47 im Interview mit Alois Rummel (1964)

nicht kannte, mich plötzlich denken ließ, ich sei unter deutsche Nazis gefallen.« Bachmann, die dann doch bleibt und am nächsten Tag mehrere Gedichte liest, wird bis 1962 regelmäßig an den Treffen teilnehmen. Sie schließt mit einigen Teilnehmern wie Alfred Andersch, Heinrich Böll, Günter Eich, Hans Magnus Enzensberger, Günter Grass, Hans Werner Henze, Wolfgang Hildesheimer, Uwe Johnson und Martin Walser engere und dauerhafte Freundschaften. Auch Celan bleibt mit mehreren Gruppenmitgliedern in Kontakt, doch fühlt er sich als Außenseiter und nimmt an keiner Tagung mehr teil. Bachmann teilt zwar sein Befremden, kann jedoch anders mit dem »gedankenlosen, kultisch-geschichtsvergessenen Narzißmus in der Gruppe« (Klaus Briegleb) umgehen – nicht zuletzt durch die ihr entgegengebrachte Akzeptanz und ihren eigenen Erfolg.

Richter zufolge hinterlässt auch nicht Paul Celan, sondern Ingeborg Bachmann in Niendorf den stärksten Eindruck. »Sie liest sehr leise, fast flüsternd. Einige sagten nachher: ›Sie weinte ihre Gedichte.‹ Alle müssen näher rücken, um überhaupt ein Wort zu verstehen. Ingeborg Bachmann wird immer leiser, dann verstummt sie ganz.« Die Gedichte werden noch einmal laut und deutlich von einem anderen Schriftsteller vorgelesen. Nach eigenen Worten sei sie »vor Aufregung am Ersticken« gewesen. Man bringt sie in ihr Zimmer, wo sie in Ohnmacht fällt.

Das angespannt-nervöse Debüt bringt der nicht einmal Sechsundzwanzigjährigen gute Kritiken ein. Zwei Tage später liest sie im Nordwestdeutschen Rundfunk elf Gedichte, wofür sie ein

Alle Tage

Der Krieg wird nicht mehr erklärt,
sondern fortgesetzt. Das Unerhörte
ist alltäglich geworden. Der Held
bleibt den Kämpfen fern. Der
Schwache
ist in die Feuerzonen gerückt.
Die Uniform des Tages ist die
Geduld,
die Auszeichnung der armselige
Stern
der Hoffnung über dem Herzen.

Es wird verliehen,
wenn nichts mehr geschieht,
wenn das Trommelfeuer verstummt,
wenn der Feind unsichtbar
geworden ist
und der Schatten ewiger Rüstung
den Himmel bedeckt.

Es wird verliehen
für die Flucht vor den Fahnen,
für die Tapferkeit vor dem Freund,
für den Verrat unwürdiger
Geheimnisse
und die Nichtachtung
jeglichen Befehls.

Aus ›Die gestundete Zeit‹ (1953)

stattliches Honorar erhält: »Ich bekam 300 Mark an der Kasse, ich dachte, man habe sich geirrt in der Summe, und ging zurück zu dem Schalter, aber der Mann sagte, es stimme, es waren 300 Mark gemeint, und ich verdiente soviel nicht in einem Monat.« Ein Jahr später, am 31. Juli 1953, gibt sie ihre Anstellung bei Rot-Weiß-Rot auf und versucht, allein vom Schreiben zu leben. Nicht zuletzt wegen der besseren Verdienstmöglichkeiten orientiert sie sich nunmehr am westdeutschen Literaturbetrieb. Ausschlaggebend für die Entscheidung, ihre Festanstellung aufzugeben, ist der mit 2000 DM dotierte Preis der Gruppe 47, den sie im Mai 1953 in Mainz erhält. Nach Günter Eich (1950), Heinrich Böll (1951) und Ilse Aichinger (1952) ist Ingeborg Bachmann die vierte Preisträgerin, deren Gedichte ›Die große Fracht‹, ›Holz und Späne‹, ›Nachtflug‹ und ›Große Landschaft bei Wien‹ prämiert werden. Im Dezember 1953 erscheint ihre erste Buchveröffentlichung, der Gedichtband ›Die gestundete Zeit‹, in der von Alfred Andersch herausgegebenen Reihe ›studio frankfurt‹ bei der Frankfurter Verlagsanstalt. Neben neuen Arbeiten sind darin die bereits in Zeitschriften publizierten sowie die bei der Gruppe 47 vorgetragenen Gedichte versammelt.

Ihre Gedichte aus ›Die gestundete Zeit‹ sind von einem hohen lyrischen Ton getragen, der nach dem Krieg in den Texten anderer Dichter fehlt. Bachmann greift auf die große lyrische Tradition von Hölderlin, Goethe und Rilke zurück und bezieht die zeitgeschichtlichen Ereignisse in ihre Texte mit ein. Aus dieser Spannung von Poesie und Politik, Geschichte und Gegenwart ist der Erfolg von Bachmanns Gedichten zu erklären. Dass ihre Gedichte noch heute Bestand haben, während andere Gedichte aus den fünfziger Jahren – das »lyrische Jahrzehnt« – in Vergessenheit geraten sind, beruht allerdings auf deren hoher Qualität. Die ins Mythisch-Ewige überhöhten Gedichte zeugen dabei von einer Todesverfallenheit und Schicksalhaftigkeit, die

In Deutschland empfanden viele das Jahr des Zusammenbruchs als das Jahr Null oder das Jahr Eins, sprachen von tabula rasa und völligem Neubeginn. In Österreich sprach man von der Niederlage der Deutschen und von der Rückbesinnung auf die eigenen alten Werte. Beides war falsch. Das völlige Neubeginnen ist unmöglich (hätte auch Verzicht auf die Sprache vorausgesetzt), und die guten alten Werte Österreichs waren zum großen Teil nicht so gut. Für die Literatur aber wurde es wichtig, daß die beiden Mißverständnisse in einem Gegensatz zueinander standen. So konnte die

31 Mit Paul Celan bei der Gruppe 47, Niendorf an der Ostsee, Mai 1952

den konkreten Zeitbezug aus dem Blick rücken lassen; die positive Aufnahme wurde dadurch befördert, da sich diese Rezeption mit der Nachkriegsmentalität traf. Doch gerade die Vermittlung geschichtlicher Erfahrung zeichnet Bachmanns Lyrik aus.

Das Titelgedicht ist programmatisch für das zum Ausdruck gebrachte Bewusstsein von Zeit, denn nach der geschichtlichen Katastrophe sind die Tage gestundet, befristet, gezählt. In der Erzählung ›Unter Mördern und Irren‹ (1961) heißt es entsprechend: »›Nach dem Krieg‹ – dies ist die Zeitrechnung.« In ›Früher Mittag‹, 1952 geschrieben, macht sie die sieben Jahre nach dem Krieg als eine Zeit der Verdrängung aus, und gleichzeitig erinnert sie an die sieben Jahre Hitlerdiktatur in Österreich. Bachmann entwickelt in ihrem ersten Gedichtband eine eigene dichterische Sprache, die allenfalls mit der Celans zu vergleichen ist. So ist ›Früher Mittag‹ auch eine Antwort auf Celans Gedicht ›Kristall‹ aus ›Mohn und Gedächtnis‹ (1952). Bachmann

deutsche Lyrik der ersten Nachkriegszeit in ihrer Zurückgenommenheit manchem entgegenwirken, was sich in der österreichischen Lyrik noch allzuviel Spielraum und Verspieltheit gestattete, während österreichische Dichter wie Ilse Aichinger, Ingeborg Bachmann (auch Celan muß man da zur österreichischen Tradition rechnen) ein wichtiges Gegengewicht gegen die Zurücknahme und Armut der Dichtung darstellen, denn die deutsche Kahlschlaglyrik war bittere Medizin gewesen.

Aus Erich Frieds Nachruf auf Ingeborg Bachmann (26. Oktober 1973 in ›Die Zeit‹)

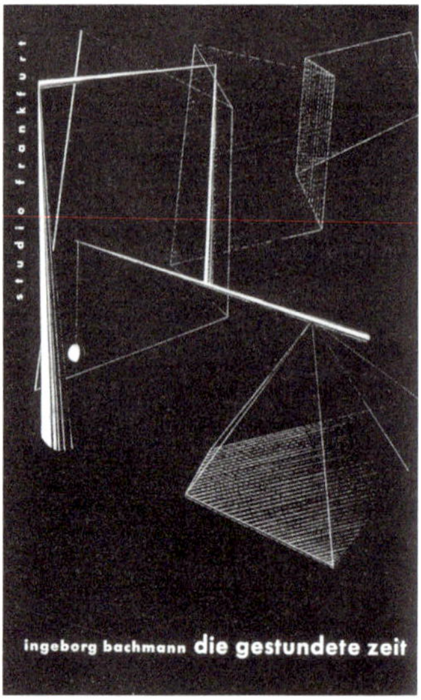

32 Erste Buchveröffentlichung 1953, Gestaltung: Gisela Andersch

greift in diesem wie in anderen Gedichten Bilder und Motive Celans auf, die sie mitunter in andere Sinnzusammenhänge setzt. In ›Dunkles zu sagen‹ nimmt sie klar Bezug auf Celans ›Corona‹ (1952), wo es heißt: »Wir sagen uns Dunkles.« Ein Reflex auf ›Corona‹ findet sich dann nochmals in ›Malina‹, und zwar in der Celan zugedachten ›Legende der Prinzessin von Kagran‹: »Sie sagten sich Helles und Dunkles.« Die bis in einzelne Wörter und Silben gleichartigen Bilder zeigen die enge geistige Verwandtschaft zwischen beiden. Celan und Bachmann teilen zudem die Einsicht, dass erst aus dem Wissen um eine Desillusionierung eine Erlösungshoffnung entstehe. In einem der letzten und bekanntesten Gedichte Bachmanns, dem 1964 verfassten ›Böhmen liegt am Meer‹, formuliert sie dieses Wissen deutlich: »Zugrund gerichtet, wach ich ruhig auf. / Von Grund auf weiß ich jetzt, und ich bin unverloren.« Auch ›Die gestundete Zeit‹ handelt wiederholt von diesem Wissen, das erst eine Hoffnung erlaubt: »Aber wie Orpheus weiß ich / auf der Seite des Todes das Leben / und mir blaut / dein für immer geschlossenes Aug«. Den Bogen zwischen Resignation und Hoffen, zwischen Auslöschung und Utopie wird Bachmann in ihrem Werk immer wieder spannen.

Bachmann: ›Früher Mittag‹

Sieben Jahre später
fällt es dir wieder ein,
am Brunnen vor dem Tore,
blick nicht zu tief hinein,
die Augen gehen dir über.

Sieben Jahre später,
in einem Totenhaus,
trinken die Henker von gestern
den goldenen Totenbecher aus
die Augen täten dir sinken.

(Auszug)

Bachmann trifft nicht allein mit ihren Gedichten den richtigen Ton, sondern auch mit ihrer persönlichen Erscheinung. In dem von Männern beherrschten Literaturbetrieb wird sie als schillernde Gestalt wahrgenommen. Hans Werner Henze beschreibt sie, in Erinnerung an die erste Begegnung im Herbst 1952, als »eine elfenhafte Erscheinung mit schönen großen Augen und zitternden Lidern, wunderbaren Händen, eine Person, von der eine Aura von Empfindsamkeit ausging, eine Verkörperung von Qualität, ein Mensch mit Grazie und Charme, wie von der Nachtigall geboren.« Dieser Aura erliegen viele, die sich zudem bei der scheinbar Hilflosen und Schutzbedürftigen als Retter profilieren können. So wie sie beim ersten Auftritt in der Gruppe 47 in Ohnmacht fällt und von mehreren Helfern versorgt wird, so erweckt sie auch später immer wieder den Eindruck einer hilfsbedürftigen, »ohnmächtigen« Person. Dass sie bei öffentlichen Auftritten tatsächlich ängstlich und schüchtern ist, gesteht sie Ende der fünfziger Jahre der in Rom lebenden Schriftststellerfreundin Toni Kienlechner – das in Bewusstlosigkeit endende Debüt im Jahr 1952 bestimmt das Image einer jungen, scheuen und verängstigten Dichterin nachhaltig. Heinrich Böll, auch ein Teilnehmer in Niendorf, wird noch den Nachruf auf die Siebenundvierzigjährige ›Ich denke an sie wie an ein Mädchen‹ nennen.

Schüchtern, hilflos und weltfremd – darauf gründet das Image von Ingeborg Bachmann, seit sie im Rampenlicht der Öffentlichkeit steht. Dass dieses Image zu einem Teil auf einer geschickten Selbstinszenierung beruht, vermutet Reinhard Baumgart, ihr Lektor beim Piper Verlag: »Man hat mal gesagt, wenn sie dastand und drei Herren um sie herum, der Ausdruck Herren ist hier richtig, dann ließ sie sofort etwas fallen, ei-

Celan: ›Kristall‹

Nicht an meinen Lippen suche
deinen Mund,
nicht vorm Tor den Fremdling,
nicht im Aug die Träne.

Sieben Nächte höher wandert
Rot zu Rot,
sieben Herzen tiefer pocht die
Hand ans Tor,
sieben Rosen später rauscht der
Brunnen.

ne Puderdose, ein Taschentuch, und vier Herren, der vierte kam nämlich gleich von nebenbei, bückten sich sofort danach, und vier Herrenköpfe stießen unter ihr zusammen. Und so war es, glaube ich angelegt, das sollte passieren. Dazu gehörte dieses ewige Manuskriptseitenvertauschen vor Vorlesungen, dieses Stottern, dieses Stolpern. Und sie war wahrscheinlich eine ganz patente Person. … Diese Allüren waren natürlich auch etwas Lästiges. … Ich hab dann ein gelassen humoristisches Verhältnis zu diesem ewigen Fahrscheinesuchen, Schlüsselsuchen, Puderdosenverlieren genommen. Ich hab mich dazugesetzt und gesagt, so, jetzt machen Sie mal, das schaffen Sie schon alleine. Und dann brach sie oft in ein Lachen aus. Sie merkte, jetzt sind die Rollen durchbrochen, jetzt kann man anders miteinander verkehren.« Hans Mayer hält ihre »Schussligkeit« für perfekt gespielt, weil Bachmann in ihrem Wesen und Denken »präzise und perfekt« gewesen sei.

33 ›Der Spiegel‹, 18. August 1954

In Kontrast zu der scheinbaren Unbeholfenheit steht auch ihre steile literarische Karriere. Nachdem sie bereits in Wien schnell Zugang zu den wichtigen kulturellen Schaltstellen gefunden hatte, knüpft sie in der Gruppe 47 weitere interessante Kontakte und erschließt sich nun den westdeutschen Literaturmarkt. Nach dem Gruppenpreis und dem ersten Gedichtband im Jahr 1953 folgt im August 1954

Überall, wo die Bachmann auftaucht, verbreitet sich besorgtes Schweigen: wird ihr heute abend etwas zustoßen? Bis zum Rednerpult liegen dicke Teppiche: sie könnte sich darin verwickeln, lang hinschlagen. Sie könnte einen Herzanfall bekommen oder sich in ihren aparten Halsketten verheddern. Vielleicht bricht sie auch wegen der vielen Zuschauer in Weinkrämpfe aus, und sicher hat sie die falschen Manuskripte mitgebracht. …

eine Titelgeschichte im Nachrichtenmagazin ›Der Spiegel‹ – ein bis dato einmaliges Ereignis in der Pressegeschichte der Nachkriegszeit, in der bislang kein Schriftsteller so auffällig präsentiert wurde.

Indem das Portrait auf dem Cover einen Teil des Titelbalkens verdeckt, deutet sich vor der Lektüre des Artikels an, dass die Person und nicht die Dichterin Bachmann im Vordergrund steht. Die Reportage ›Gedichte aus dem deutschen Ghetto. Neue Römische Elegien: Ingeborg Bachmann‹ eröffnet mit einer Anekdote über die seltsame Fremde in Rom, deren nächtliches Schreibmaschinengeklapper die Carabinieri alarmiert hat. »Was die Signorina denn nachts arbeite? Verklärtes Verständnis bei der Polizei, als ein Blatt mit ein paar Zeilen in einer barbarischen Sprache vorgewiesen wird: ›Oh, poeta!‹ Aber beim Rückzug gibt es doch Kopfschütteln: ›So kleine Gedichte und so viel Lärm!‹«

Die klischeehafte Reportage über die in Rom lebende Dichterin trägt wesentlich zur frühen Legendenbildung über Bachmann bei, die, so der Tenor des Artikels, die repräsentative Gestalt einer neuen Dichtergeneration sei. Im Rückgriff auf die klassische Italienreise seit Goethe findet bereits an der Achtundzwanzigjährigen eine Historisierung statt, die das Bachmannbild für eine breite Öffentlichkeit bestimmen wird. Spätestens seit der ›Spiegel‹-Story ist Ingeborg Bachmann der Lyrik-Star in Deutschland, der »Stern am deutschen Poetenhimmel«, so kurz darauf die ›Süddeutsche Zeitung‹. Damit vollzieht sich auch der Wandel zur öffentlichen Person. Dabei hatte Bachmann sich gerade einer auf sie aufmerksam werdenden Öffentlichkeit in Deutschland entzogen, indem sie nach Italien gegangen war.

Der Anstoß für die Übersiedlung nach Italien kam von Hans Werner Henze, den sie im Oktober 1952 bei einer Tagung der Gruppe 47 kennengelernt hatte. In seiner Autobiografie ›Reise-

---

Aber dann beginnt sie doch zu lesen, leise, wispernd, wie abwesend in dem fraulich-singenden Ton kultivierter Wienerinnen. Schon in der vierten Reihe kann man nichts verstehen. Sie klammert sich schwankend an das Manuskript, als könnten ihr die losen Blätter Halt bieten. Irgendwie sucht sie immer etwas; auf dem Papier, im Manuskript, in der Tasche, in der Welt, im Leben.

Aus Horst Krüger: ›Gesammelte Bachmann‹ (1964)

lieder mit böhmischen Quinten‹ (1996) hat dieser das erste Gespräch mit Bachmann festgehalten: »In der ersten Kaffeepause fragte ich sie, ob sie auch schreibe oder ob sie, wie ich, nur als Beobachter zugegen sei? Nein, sie schreibe schon, sagte sie und zwar vorwiegend Heimatromane – da sie aus Kärnten stamme, sei das ja nur natürlich. Deshalb lehne sie die Moderne, wie sie hier vorgeführt werde, auch ab, als Asphaltliteratur. Sie sagte, sie fühle sich, als sei sie durch einen Irrtum hierher verschlagen worden – der Wiener Rundfunk habe sie zu Reportagezwecken hergeschickt. Es war klar, daß sie mich zum Besten hielt, zumal sie ja auch im Reden, im Auftreten und in ihrem Wiener Schneiderkostüm so schlecht mit Heimaterde und Almenrausch in Verbindung zu bringen war.« Dass Bachmann in der ironischen Selbstbeschreibung als Heimatschriftstellerin ihre eigenen Anfänge parodiert, konnte Henze nicht ahnen. Mit dem Begriff »Heimatliteratur« kokettiert sie des öfteren, so auch in Briefen an Wolfgang Hildesheimer, wenn sie 1957 zur Neuauflage von ›Die gestundete Zeit‹ im Piper Verlag schreibt, dass »Onkel Piper jetzt ein Kärntner Gesangbuch herausbringt, welches lauter neue Lieder aus unsren entlegenen Tälern enthält und gut zum Absingen im Chor und auch einzeln geeignet ist«. In vielen freundschaftlichen Beziehungen von Ingeborg Bachmann spielten Humor und Ironie bis hin zur Albernheit eine große Rolle.

Bachmann und Henze fühlen sich zueinander hingezogen und seelisch verwandt, nicht zuletzt durch ihre fast zeitgleichen Geburtstage, denn Henze ist nur fünf Tage jünger als Bachmann. Henze bezeichnet dies als »eine Art

34 Mit Hans Werner Henze, 1965. Hans Werner Henze (*1926), deutscher Komponist und Dirigent. Nach anfänglichen seriellen Kompositionen entwickelt er eine eingängige Melodik. Seit Mitte der sechziger Jahre sind seine Arbeiten von großem politischem Engagement getragen; lebt in Marino bei Rom und in London; zahlreiche Werke für Konzert (Lied, Oratorium, Streicher, Symphonie) und Bühne (Ballett, Oper). Kompositionen nach Bachmann-Texten: ›Die Zikaden‹ (1955), ›Nachtstücke und Arien‹ (1957), ›Der Idiot‹ (1960), ›Der Prinz von Homburg‹ (1960), ›Chorfantasie‹ (1964) und ›Der junge Lord‹ (1965).

Bündnis, eine Bruderschaft, eine Wahlverwandtschaft«, und die beiden werden oft ihre Geburtstage gemeinsam feiern. Als Bachmann bei der nächsten Tagung in Mainz den Preis erhält und ihre Anstellung bei Rot-Weiß-Rot aufgibt, folgt sie Henze nach Italien. Beide werden von nun an hauptsächlich in Italien leben, davon viele Jahre in römischer Nachbarschaft. Ein Jahr zuvor, im September 1952, war Bachmann mit ihrer Schwester in Rom, Neapel und Positano gewesen – die erste Reise in ihre Wahlheimat: »In mein erstgeborenes Land, in den Süden / zog ich und fand, nackt und verarmt / und bis zum Gürtel im Meer, / Stadt und Kastell. / … Da fiel mir Leben zu« (›Anrufung des Großen Bären‹ [1956]).

Die Insel Ischia im Golf von Neapel ist der erste Aufenthaltsort in Italien. Henze hat ein kleines Haus in San Francesco bei Forio gemietet, und er vermittelt Bachmann ein Haus in der Nachbarschaft. Sie trifft dort am 9. August 1953 ein, dem Fest des heiligen Vitus, wie sich Henze erinnert. »Unser erster Abend fand auf dem Flachdach meines Hauses statt, mit frischen Feigen, Ziegenkäse und Lucias Wein. Wir konnten von hier aus aufs beste die Schiffsprozession auf dem Golf von Forio beobachten, Fetzen der opernhaften Prozessionsmusik drangen bis zu uns herüber, … alles war voller gelben, goldenen und roten Fackelscheins. … Nun brach eines von diesen neapolitanischen Feuerwerken los, bei denen man gar nicht mehr aus dem Staunen herauskommt, … und als Ingeborg sich Sorgen machte, daß womöglich diese Feuerwerke für die Gemeindemitglieder eine zu arge pekuniäre Belastung darstellen könnten, rief sie aus: ›Aber nein! Einmal muß das Fest ja doch kommen!‹«

Ich »bin hier in einem kleinen Dorf auf Ischia, in dem ich schon einmal war vor drei Jahren. Das Fenster geht auf das Meer, das ganz nah ist und von unglaublicher Bläue, und die Zikaden singen noch immer frenetisch, aber alles ist anders geworden; man hat nicht mehr den ersten Blick dafür, den man einmal gehabt hat und der wahrscheinlich der richtige war, weil er so erstaunt war. Ich habe gern, wenn etwas sich unversehens trifft, und diesmal ist es, dass ich an dem Tag wegfahren werde, an dem ich vor drei Jahren angekommen bin, es ist ein Zufall, aber kein Zufall ist, dass dann wieder das St. Vitus-Fest gefeiert wird; damals, als ich ins Dorf kam, dachte ich unter den Lichterbogen und Feuerrädern, weil ich nicht wusste, was ein Fest ist, das sei immer so, und mit dieser Verzauberung haben die italienischen Jahre begonnen.«

Aus einem Brief an Oswald Döpke (August 1956)

In Bachmanns Gedichtzyklus ›Lieder von einer Insel‹ (1956) wird dieser Satz zur Anfangszeile eines Tanz- und Prozessionslieds werden, das Henze 1964 vertont.

Bachmann bleibt zwar nur für ein paar Sommerwochen auf Ischia, doch die mediterrane Landschaft und das südliche Lebensgefühl sind eine Offenbarung für sie. »Ich kann mich noch immer mit keinem anderen Land so befreunden, es ist und bleibt il primo amore«, schreibt sie 1960 dem römischen Freund Gustav René Hocke. In den fünfziger Jahren ist Ischia noch eine unberührte Insel, auf der ein nahezu archaisches Leben herrscht. Ein paar Künstler haben sich dort niedergelassen, in unmittelbarer Nachbarschaft von Bachmann und Henze wohnen die englischen Dichter W. H. Auden und Chester Kallmann sowie der englische Komponist William Walton und seine Frau. Neben gelegentlichen Treffen mit dieser kleinen Gruppe von Welt- und Zivilisationsflüchtlingen vertiefen sich Bachmann und Henze in ihre Arbeit. Morgens wird komponiert bzw. gedichtet, dann geht man gemeinsam im Meer schwimmen, nach dem Mittagessen folgt die Siesta, danach wird wieder gearbeitet. Die Abende verbringen sie zusammen auf der Terrasse eines ihrer Häuser und erzählen sich ihr Leben, so Henze. Obwohl die beiden einander zugetan sind wie Geschwister, wahrt Bachmann einen gewissen Abstand, indem sie über allzu persönliche Dinge nicht sprechen mag. Diese Zurückhaltung sei letztlich der Schlüssel für die Freundschaft gewesen, so Henze,

denn sie »erlaubte einen gewissen spielerischen Charakter in unserer Beziehung – es durfte gelacht, gealbert und gespielt werden, am liebsten Komödie. Ich verehrte sie nicht nur wegen der wunderbaren Dinge, die sie zu schreiben und zu sagen vermochte, sondern auch wegen ihres unerschütterlichen Qualitäts- und Integritätsgefühls.«

Diese Freundschaft ist für beide von großer Bedeutung. Ein Jahr später, in Neapel, wo Henze mittlerweile wohnt und Bachmann den Winter 1954/55 verbringt, überlegen sie sogar, eine Familie zu gründen. In einem Brief an die Eltern berichtet Bachmann von dem gesellschaftlichen Schutz, den sie für den homosexuellen Henze im Italien der fünfziger Jahre bedeutet, ohne allerdings die Schwierigkeiten dieses Zusammenlebens zu verschweigen. Darin mag auch ihre Enttäuschung mitschwingen, dass eine Liebesbeziehung mit Henze ausgeschlossen ist. Ein Echo auf diese Hochzeitspläne findet sich in Bachmanns Erzählung ›Drei Wege zum See‹. Die Protagonistin Elisabeth Matrei willigt augenblicklich in den Heiratsantrag des Amerikaners Hugh ein, »obwohl sie vorher keine Sekunde lang daran gedacht hatte, einen Homosexuellen zu heiraten, er doch nur vorübergehend bei ihr wohnte, aber sie dachten aufgeregt und glücklich, es könnte sehr gutgehen, jeder würde sein eigenes Leben haben und den anderen nie stören, und es war eine Freundschaft vielleicht eine bessere Basis für eine Ehe als eine Verliebtheit.« In der Erzählung bleibt diese Hoffnung letztlich uneingelöst, denn die beiden trennen sich bald.

Das enge geschwisterliche Verhältnis von Henze und Bachmann lockert sich erst Mitte der sechziger Jahre, ein freundschaftlicher Kontakt bleibt bis zu Bachmanns Tod bestehen. Auf künstlerischer Ebene ist die Beziehung für beide sehr produktiv. Henze habe ihr sehr geholfen, »Musik zu verstehen. Und ich kann natürlich etwas, was andere Schriftsteller nicht können:

◀ 35 Forio auf Ischia, eine internationale Künstlerkolonie in den fünfziger Jahren, wo neben Bachmann und Henze zahlreiche Künstler verkehrten: W. H. Auden, Truman Capote, Gustav Gründgens, Chester Kallmann, Elsa Morante, Alberto Moravia, Luigi Nono, Pier Paolo Pasolini, Igor Stravinsky, Tennessee Williams, William Walton u. a.

Partituren lesen, ich kann mitgehen. Ich weiß, was komponieren heißt.« Bachmann wird ihr Musikverständnis in die Opernlibretti für Henze, aber auch in andere Texte einbringen. Musik helfe ihr, so Bachmann in einem Interview, »indem sich in ihr für mich das Absolute zeigt, das ich nicht erreicht sehe in der Sprache, also auch nicht in der Literatur«. Diese Auseinandersetzung findet auch in verschiedenen Essays wie ›Die wunderliche Musik‹ (1956) und ›Musik und Dichtung‹ (1959) statt.

In den gemeinsamen Wochen auf Ischia entsteht die erste Zusammenarbeit zwischen dem Komponisten und der Dichterin. Bachmann schreibt für Henzes Ballettpantomime ›Der Idiot‹, nach Dostojewskis Roman, den ›Monolog des Fürsten Myschkin‹; mit der Textfassung von Tatjana Gsovsky war Henze nicht zufrieden gewesen, und Bachmann besorgt eine neue Version, die 1960 zur Aufführung gelangt. Bachmann schreibt außerdem die Libretti für seine Opern ›Der Prinz von Homburg‹ (1960) und ›Der junge Lord‹ (1965), während Henze mehrere Gedichte von ihr vertont und die Zwischenmusik zu dem Hörspiel ›Die Zikaden‹ komponiert.

›Die Zikaden‹ schreibt Bachmann als Auftragsarbeit für den Nordwestdeutschen Rundfunk in Hamburg, wo das Hörspiel am 25. März 1955 gesendet wird. Sie verarbeitet darin die Zeit auf Ischia, einer Insel, die von Zikadengesang erfüllt ist. Zudem erhält das Motiv der Zikaden einen philosophischen Hintergrund, denn in Platons ›Phaidros‹ findet sich eine Passage über Zikaden, die Bachmann am Ende des Stückes paraphrasiert: »Denn die Zikaden waren einmal Menschen. Sie hörten auf zu essen, zu trinken und zu lieben, um immerfort singen zu können. Auf der Flucht in den Gesang wurden sie dürrer und kleiner, und nun singen sie, an ihre Sehnsucht verloren – verzaubert, aber auch verdammt, weil ihre Stimmen unmenschlich geworden sind.« Auf die von Platon entworfene Metamor-

... warum denn Italien? Für mich war das keine sentimentale oder romantische Entscheidung; denn ich komme ja von der Grenze, von der italienisch-jugoslawischen; schon für meinen Vater war es selbstverständlich italienisch zu sprechen, er hat auch gewünscht, daß ich es lerne. ... Zugegeben, die Leute sind etwas schöner und sehr freundlich, aber man weiß ja, was dahintersteckt. Weiß man es aber wirklich? Man weiß doch gar nichts. Mir genügt es, daß die Leute nicht unfreundlich sind, sondern freundlicher sind.

Aus einem Gespräch mit Gerald Bisinger und Walter Höllerer (1970)

phose des Menschen zur Zikade antwortet der Erzähler in Bachmanns Hörspiel: »Such nicht zu vergessen! Erinnre dich! Und der dürre Gesang deiner Sehnsucht wird Fleisch.« Wer sich der Welt entzieht, gleicht der Zikade. Erinnerung und Erkenntnis sind das Gebot, Weltflucht und Wirklichkeitsferne lassen den Menschen verkümmern. An verschiedenen Zivilisationsflüchtlingen im Stück zeigt sich die Begrenztheit eines isolierten Lebens auf einer Insel, die sowieso kein Paradies mehr ist: »In den Bäumen hingen keine Datteln, kein Holz war da für ein Lagerfeuer. Fische wurden verkauft wie auf allen anderen Märkten, … und die Plätze und Gassen waren von Geschäftigkeit und Geschwätz erfüllt.« Ohne Verklärung südlich-arkadischen Lebens unterzieht Bachmann auch das eigene Inselleben auf Ischia mit Henze, in der Künstlerkolonie um Auden, Kallmann und Walton, einer kritischen Revision.

Parallel zur Arbeit an den ›Zikaden‹, die 1954 in Rom begonnen und im Winter 1954/55 in Neapel fertig gestellt werden, berichtet Bachmann als Radio- und Zeitungskorrespondentin aus Rom, wo sie seit Januar 1954 wohnt. Zuerst bezieht sie ein Zimmer in der Via di Ripetta 226, im April wechselt sie in eine kleine Wohnung an der Piazza della Quercia 1. Bald findet sie Anschluss an den Kreis deutschsprachiger Literaten, der sich regelmäßig im Café Doney in der Via Veneto trifft und zu dem Gustav René Hocke, Marie-Luise Kaschnitz, Hermann Kesten und Toni Kienlechner gehören. Hocke arbeitet nebenbei als Korrespondent für die ›Süddeutsche Zeitung‹ und für Radio Bremen, und durch seine Vermittlung wird Ingeborg Bachmann bei dem Bremer Sender angestellt. Ihre Radioerfahrung bei Rot-Weiß-Rot wie ihre Sprach- und Landeskenntnisse sind eine Empfehlung beim zuständigen Redakteur Hans Herbert Westermann. Bald folgt noch die Berichterstattung für die ›Westdeutsche Allgemeine Zeitung‹ in Essen. Bachmann ist zu die-

36 Piazza della Quercia 1, erste Wohnung in Rom ab April 1954

sen Nebenarbeiten gezwungen. Radio- und Zeitungshonorare sind praktisch ihre einzigen Einnahmen in dieser Zeit, der Gedichtband ›Die gestundete Zeit‹ erschien in geringer Auflage und brachte finanziell kaum etwas ein. Die latenten Geldprobleme werden Ingeborg Bachmann im Herbst 1957 zu einem vorläufigen Abbruch ihres Italienaufenthaltes nötigen.

Unter dem Pseudonym Ruth Keller verfasst Bachmann im Zeitraum von Juli 1954 bis September 1955 insgesamt 34 Rundfunkbeiträge und acht Zeitungsartikel. Die als ›Römische Reportagen‹ (1998) erschienenen Texte sind größtenteils Zusammenfassungen aus italienischen Zeitungen, ohne investigativen Anspruch und eigenständige Positionen. Sie berichten vom politischen Alltag in Italien, von Staatsbesuchen, Partei-Intrigen und Mafia-Umtrieben, von Naturkatastrophen, von Arbeitslosigkeit und Armut: »Ein großer Teil der Bevölkerung kann sich für einen Stundenlohn zum Beispiel nur 100 g Butter oder 1 kg Spaghetti kaufen.« Auch wenn die Romkorrespondentin Ruth Keller eher journalistische Dutzendware produziert, erhalten die Hörer bzw. Leser in Deutschland dennoch nützliche Informationen aus einem Land, das Mitte der fünfziger Jahre nur wenigen persönlich bekannt ist.

In einem der originellsten Beiträge berichtet sie von einer »kleinen Verkehrs-Revolution«, dem Fiat Popolare S 600, der bald vom Band rollen soll: »Es handelt sich um eine schnittige Limousine mit vier Sitzen und zwei Türen. Der Wagen hat einen Heckmotor mit Wasserkühlung, ist vierzylindrig und hat einen Hubraum von 638 Kubikzentimetern, das Gewicht des Wagens beträgt 570 Kilogramm, seine effektive Potenz 21,5 PS. Kosten wird das kleine Wunder ungefähr 4300 Mark.« Sie beschreibt den Zustand der italienischen Straßen, die noch aus der »Zeit des römischen Imperiums« stammen, und befürchtet, dass diese dem zunehmenden Verkehr nicht gewachsen seien,

In Italien, könnte ich sagen, bin ich froher geworden, hier habe ich gelernt, Gebrauch von meinen Augen zu machen, habe schauen gelernt. In Italien esse ich gern, gehe ich gern über eine Straße, sehe ich gerne Menschen an. … Aber nach einer vieljährigen Bekanntschaft mit einem Land reicht das natürlich nicht aus, um einen festzuhalten, und immer wichtiger als sich wohl fühlen wird das Mitfühlen und das Mitdenken mit dem, was hier gespielt und bewegt wird, in der Politik, in der Literatur, im Film.

Aus einem Interview mit Kuno Raeber (1963)

denn die »Italiener sind fanatische Auto- und Motorradfahrer; manchmal scheint es, als ersetzten ihnen die Motoren die alten Götter – so leidenschaftlich wird der Motor-Kult betrieben.« In weiser Voraussicht mutmaßt sie, dass sich in wenigen Jahren ein Verkehrschaos ergeben könnte, das kaum seinesgleichen haben dürfte.

Bei Oswald Döpke, dem Redakteur bei Radio Bremen, bedankt sie sich oft überschwänglich für die prompten Zahlungen: »Hab vielen Dank für die Lebensrettung, ich wollte Dir ja gleich schreiben und danken für die rasche Überweisung.« Dass Bachmanns Beiträge zuallererst dem Broterwerb dienen, zeigt auch die auffällige Diskrepanz zwischen ihrem journalistischen und literarischen Schaffen in dieser Zeit. Während in den Arbeiten für Radio und Zeitung kaum Kritik an den Dogmen der fünfziger Jahre zu erkennen ist, belegen ihre gleichzeitig entstandenen Gedichte, Hörspiele und Essays einen sehr scharfen Blick auf die durch Restauration und Wirtschaftswunder gekennzeichneten Jahre. Schon in ihrem ersten, noch in Wien gesendeten Hörspiel ›Ein Geschäft mit Träumen‹ (1952) kritisierte sie den Zusammenhang zwischen Geschäft und Traum, zwischen Kommerz und Kunst. Auch sprachlich fallen die journalistischen von den schriftstellerischen Texten ab, wie ihre in diesen Jahren entstandenen Essays veranschaulichen. In ›Was ich in Rom sah und hörte‹ (1955) entwirft Bachmann die ewige Stadt als Gedächtnisort und gibt den Blick auf eine jahrtausendelange Geschichte frei. Dieser philosophisch-poetische Stadt-

37 S. P. Q. R. »Ich sah, daß wer ›Rom‹ sagt, noch die Welt nennt und der Schlüssel der Kraft vier Buchstaben sind. S. P. Q. R. [Senatus Populusque Romanus] Wer die Formel hat, kann die Bücher zuschlagen. Er kann sie ablesen von dem Wappenschild der vorüberfahrenden Autobusse, von der Platte eines Kanaleinstiegs. Sie ist der Ausweis der Brunnen und der besteuerten Getränke; das Zeichen der einzigen Hoheit, die ohne Unterbrechung die Stadt regierte.« (Aus ›Was ich in Rom sah und hörte‹ [1955])

rundgang durch Rom zeigt besonders deutlich die Differenz zu den parallel entstandenen ›Römischen Reportagen‹. Während sie die Radiobeiträge montags am Telefon vereinbart, um sie tags darauf der Redaktion zu diktieren, arbeitet sie an den Essays mit einer ganz anderen Sorgfalt.

Schon in Wien verfasste Ingeborg Bachmann mehrere Rezensionen. Ihre erste Besprechung – von René Marcic' Heideggerbuch – erschien am 16. September 1949 in der Bozener Zeitschrift ›Der Standpunkt‹. Für die katholische Monatszeitschrift ›Wort und Wahrheit‹ in Wien rezensiert sie Bücher von José Orabuena (Januar 1952), Heinrich Böll (August 1952), Thea Sternheim (Dezember 1952) und Alfred Mombert (Januar 1953). Nach ihrem Erfolg bei der Gruppe 47 publiziert sie in deutschen Kulturzeitschriften von Rang und Namen wie ›Akzente‹, ›Frankfurter Hefte‹, ›Jahresring‹, ›Merkur‹, ›Neue Rundschau‹ und ›Westermanns Monatshefte‹, und sie schreibt Radioessays für diverse Sender wie den Bayerischen, Hessischen und Norddeutschen Rundfunk, wo auch Gedichte und Erzählungen von ihr gesendet werden. Diese Arbeiten sind darüber hinaus das zweite ökonomische Standbein während der römischen Jahre.

In den Essays beschäftigt sie sich unter anderem mit Franz Kafka, Robert Musil, Marcel Proust, Simone Weil und Ludwig Wittgenstein – jeweils »Einblicke in ein Pandämonium«, so der Untertitel zu ›Die Welt Marcel Prousts‹. Manche Radioessays wie die über Freud und Heidegger sind verloren gegangen. Diese Arbeiten dienen, wie die ›Frankfurter Vorlesungen‹ (1959/60), letztlich der Reflexion über ihre eigene Literatur und Poetologie. Bachmann schreibt auch im besten Sinne »literarische Essays«, denn in der poetischen Sprache schöpft sie die Möglichkeiten des Genres voll aus. Joachim Moras, Herausgeber des ›Merkur‹, drückt 1959 in einem Brief seine Bewunderung für Bachmanns Essays aus, in denen sie es fertigbringe, »ein rein

---

Ludwig Wittgenstein (1889–1951), österreichischer Philosoph aus großbürgerlicher Familie. Studium in England, Freundschaft mit Russell, Moore und Keynes. Nach dem Ersten Weltkrieg arbeitet er als Dorfschullehrer und Gärtner in Österreich, zuvor verschenkte er sein Vermögen. Von 1929 bis zu seinem Tod ist er in Cambridge, wo er Philosophie lehrt. Führender Vertreter der analytischen Philosophie und des Pragmatismus, wichtiger Einfluss auf die »Wiener Schule« und die gesamte Philosophie des 20. Jahrhunderts.

diskursives Thema mit Sprachenergien zum Blühen zu bringen, als wäre es ein Gedicht«.

Bachmanns wissenschaftliche Beschäftigung mit Philosophie endet im Jahr 1955. Joachim Moras und Hans Paeschke, die Herausgeber der Zeitschrift ›Merkur‹, drängen sie dazu, eine Wittgenstein-Biografie zu schreiben und haben schon Kontakte zur Deutschen Verlagsanstalt hergestellt. In einem Brief vom 2. Februar 1955 gibt sie zu bedenken, dass eine gute Vorbereitung und ausreichende Mittel für ein solches Buch notwendig seien, am 14. November des gleichen Jahres gibt sie das Projekt dann auf. Seit fünf Jahren habe sie sich nicht mehr intensiv mit Philosophie beschäftigt, »das doppelte Leben hat viel Verführung gehabt für mich, aber ohne kontinuierliche Arbeit muss man unweigerlich entgleisen, vielleicht nicht in der Literatur, bestimmt aber in der Wissenschaft«. Für die Rezeptionsgeschichte des in den fünfziger Jahren weitgehend unbekannten österreichischen Philosophen sind sowohl ihre Essays als auch ihre Fürsprache beim Suhrkamp-Cheflektor Siegfried Unseld von großer Bedeutung. Bachmann lehnt 1959 zwar die von Unseld angetragene Herausgeberschaft von Wittgensteins Werken ab, doch hat ihre Anregung und Beratung überhaupt zu der aus Verlegersicht riskanten Edition geführt. Als ›Tractatus logico-philosophicus‹ und ›Philosophische Untersuchungen‹ 1960 bei Suhrkamp erschienen sind, bedankt sich Unseld bei Bachmann: »Du warst die erste, die mich auf Wittgenstein aufmerksam gemacht hat.«

Im Sommer 1955 ist Bachmann für zwei Monate in den USA. Sie folgt einer Einladung zu dem von Henry Kissinger geleiteten Seminar der »Summer School of Arts and Scien-

38 In New York 1955

ces« an der Harvard University. Auf diesen Zeitpunkt datiert auch die Freundschaft zu Siegfried Unseld, mit dem sie seitdem einen regen Schriftverkehr führt und der ›Malina‹ verlegen wird. Der Aufenthalt in den USA schlägt sich literarisch in ihrem bedeutendsten Hörspiel, ›Der gute Gott von Manhattan‹, nieder. Das Hörspiel wird zwar erst 1958 fertiggestellt, doch unmittelbar nach der Reise reift der Plan zu dem anfangs als ›Manhattan-Ballade‹ bezeichneten Text. Auf Amerika beziehen sich auch vier Gedichte in ›Anrufung des Großen Bären‹: ›Tage in Weiß‹, ›Harlem‹, ›Reklame‹ und ›Toter Hafen‹.

Mit dem zweiten Gedichtband, ›Anrufung des Großen Bären‹, festigt Bachmann ihren Ruf als erstrangige Lyrikerin. Das Buch erscheint 1956 im Piper Verlag, wo bis auf ›Malina‹ alle ihre Texte herauskommen werden. Die Gedichte enthalten Reminiszenzen an ihre Reisen, vor allem schöpfen sie aber aus ihrem Leben in Italien. Dieser Einfluss zeigt sich nicht allein in Bildern und Motiven, sondern auch in Sprache und Form, wie Bachmann selbst in einem Interview einräumt: »Nun stellte aber unlängst ein deutscher Kritiker einen positiven Stilwandel seit meinem Italienaufenthalt fest. Er schrieb, die neuen Gedichte wären sinnlicher, unmittelbarer und kräftiger geworden, und ich bin geneigt, ihm recht zu geben.«

Bachmann greift auf den Formen- und Bilderbestand großer Liebeslyrik in Italien zurück. Lateinische und italienische Klassiker von Vergil, Horaz, Catull, Properz bis zu Tasso, Ariost, Dante und Petrarca – deren intensive Lektüre sie in Briefen an Moras und Kesten erwähnt – zeigen ihre Spuren in den Gedichten in ›Anrufung des Großen Bären‹. In dem Zyklus ›Lieder auf der Flucht‹ – dem vierten und letzten Teil des Buches – macht Petrarcas Motto aus den ›Trionfi‹ den Rückgriff auf die große Tradition kenntlich, gelten diese Gedichte Petrarcas doch als die erste Dichtung des Humanismus in italienischer Spra-

I
Der Palmzweig bricht im Schnee,
die Stiegen stürzen ein,
die Stadt liegt steif und glänzt
im fremden Winterschein.

Die Kinder schreien und ziehn
den Hungerberg hinan,
sie essen vom weißen Mehl
und beten den Himmel an.

Der reiche Winterflitter,
das Mandarinengold,
treibt in den wilden Böen.
Die Blutorange rollt.

che. Konkret ist dieser Gedichtzyklus von dem winterlichen Neapel 1955/56 inspiriert, wo Bachmann mit Henze in der Via Bernardo Cavallino 1 wohnt. »Mit klammen Fingern« schreibt sie von den Widrigkeiten einer ungeheizten Wohnung in einem der kältesten Winter des Jahrhunderts. Bachmann verfasst in den Bildern der verschneiten Stadt und des lavaspeienden Vesuvs allerdings keine Naturlyrik – »Ich kann kaum drei Blumensorten auseinanderhalten«, gesteht sie einmal –, dafür finden in den 15 Liedern geschichtliche Erfahrung und literarische Tradition, eigene und allgemeine Leiderfahrungen zusammen. Die leitmotivische Metaphorik von Eis und Feuer schafft dabei einen Spannungsbogen zwischen Leiden und Liebe, zwischen emotionaler Kälte und künstlerischer Befeuerung.

›Anrufung des Großen Bären‹ ist Ingeborg Bachmanns letzter Gedichtband. Die danach entstandenen Gedichte hat sie zu keiner eigenen Publikation mehr vereint, erst postum sind noch Gedichte aus dem Nachlass erschienen. Für ›Anrufung des Großen Bären‹ wird ihr der Bremer Literaturpreis, geteilt mit Gerd Oelschlegel, verliehen. Kurzzeitig enthebt sie das Preisgeld der materiellen Sorgen. »Wahrscheinlich ist selten ein Preis so gelegen gekommen«, äußert sie am 24. Januar 1957, zwei Tage vor Verleihung des Preises, gegenüber Gustav René Hocke.

Der Begriff »freie Schriftstellerin« erweist sich in den ersten Jahren, seitdem sie sich dazu entschlossen hatte, als ambivalent. Ingeborg Bachmann führt ein ökonomisch äußerst unsicheres Leben, muss sich in vielem beschränken, kann kaum die Miete zahlen und muss oft umziehen. Ihr Vagabundenleben beginnt im August 1953 auf Ischia, anschließend ist sie im Oktober bei einer Tagung der Gruppe 47 in Deutschland, darauf in Wien und Klagenfurt, im Januar 1954 bezieht sie das Zimmer in Rom, im April dann die Wohnung an der

II
Ich aber liege allein
im Eisverhau voller Wunden.

Es hat mir der Schnee
noch nicht die Augen verbunden.

Die Toten, an mich gepreßt,
schweigen in allen Zungen.

Niemand liebt mich und hat
für mich eine Lampe geschwungen!

Aus ›Lieder auf der Flucht‹ in ›Anrufung des Großen Bären‹ (1956)

Piazza della Quercia, den Winter verbringt sie in Neapel bei Henze, dann ist sie wieder in Rom. Im Sommer 1955 gibt sie ihre römische Wohnung auf und hält sich zwei Monate in den USA auf, dann verbringt sie vier Monate bei der Familie in Klagenfurt, zwischenzeitlich reist sie nach Paris, im November schaut sie sich in Wien nach einer Wohnung um und überlegt gleichzeitig, für ein Jahr in Griechenland zu leben, geht doch wieder nach Italien, wo sie das erste Halbjahr 1956 erneut bei Henze in Neapel lebt. Im Sommer hält sie sich nochmals auf Ischia auf, über Venedig reist sie dann nach Kärnten, wo sie den Herbst verbringt, zwischendurch ist sie in Berlin, München und Paris, und erst Anfang 1957 nimmt sie sich wieder eine Wohnung in Rom, diesmal in der Via Vecchiarelli 38. »Ein langes Wanderjahr liegt hinter mir: Amerika, Deutschland, Österreich, Frankreich. Ich bin froh, wieder in Rom zu sein«, gesteht sie Hocke im Januar 1957.

Zu den finanziellen Engpässen kommen Krankheiten hinzu, und in ihre allgemeine Unzufriedenheit mischt sich Heimweh. Am 15. Februar 1957 schreibt sie an Alfred Andersch: »Oft habe ich Heimweh – und das ist neu – nach dem Norden, nach Österreich, sogar nach Deutschland, und ich wollte, es käme jemand, um mich zurückzuholen.« Anfang Juli 1957 kündigt sie Oswald Döpke in Bremen ihre Übersiedlung nach München an: »Ich werde wahrschein-

39 Maria Callas in der Rolle als Traviata, Mailänder Scala 1956. Im Januar 1956 besuchen Bachmann und Henze diese Inszenierung von Lucchino Visconti in Mailand. »Ecco un artista, sie ist die einzige Person, die rechtmäßig die Bühne in diesen Jahrzehnten betreten hat, um den [Zuhörer] unten erfrieren, leiden, zittern zu machen, sie war immer die Kunst, ach die Kunst, und sie war immer ein Mensch, immer die Ärmste, die Heimgesuchteste, die Traviata.« (Aus ›Hommage à Maria Callas‹, Anfang der sechziger Jahre)

lich im Herbst in München eine Stelle annehmen, nichts Besonderes, im Gegenteil, damit ich durch den Beruf nicht zu sehr abgelenkt werde. Aber insgeheim hoffe ich auf ein Wunder, auf einen Engel, der mir nachts etwas ins Ohr sagt; sonst gehe ich den klassischen Tiber hinauf und hinunter und überlege, ob tot sein hier nicht besser ist als halbtot sein in München.« Ende Juli 1957 ist die Entscheidung gefallen, die Zelte in Rom abzubrechen, »denn alle Hilfe dürfte nicht ausreichen für ein weiteres Jahr in Rom – nicht zur Zeit. Es ist derartig teuer geworden, und die dauernden Schwierigkeiten haben mich so erschöpft, das Alleinsein macht sich plötzlich bemerkbar, dass es mir die Freude am Hiersein zerstört. ... Ich habe hier alles vergessen dürfen, was man mir beigebracht hat, und obwohl ich das Zurückgehen fürchte, weiss ich doch, dass ich im Grunde nichts zu fürchten habe, weil ich als freier Mensch zurückkomme.« Im Spätherbst des Jahres 1957 bricht sie nach München auf, wo sie eine Stelle als Dramaturgin beim Bayerischen Fernsehen angenommen hat. Auch München wird nur eine knapp einjährige Episode bleiben, denn schon im Sommer 1958 macht sie eine folgenschwere Bekanntschaft, die räumlich mit einer erneuten Veränderung einhergeht und psychisch einen scharfen Einschnitt in ihrem Leben bedeutet.

40 Via Vecchiarelli 38 in Rom, Wohnsitz im Jahr 1957

»Schmerzen, die keinen lauten Schrei vertragen« München, Zürich, Rom: ›Das dreißigste Jahr‹

Am 1. November 1957 tritt Ingeborg Bachmann die Dramaturgenstelle beim Bayerischen Fernsehen an. Ihr Freund und Förderer Clemens Münster, der Fernsehdirektor und spätere Mitherausgeber von Bachmanns Werkausgabe, hat ihr die Stelle als freie Mitarbeiterin verschafft, um ihr aus der finanziellen Krise zu helfen. Anfangs wohnt sie im Hotel, ab Dezember ist ihre Wohnung in der Franz-Joseph-Str. 9a in München-Schwabing bezugsfertig. Sie ist erleichtert, hauptsächlich zu Hause arbeiten zu können, weil sie sich somit besser ihrem literarischen Schaffen widmen kann. Ihre Funktion beim Bayerischen Fernsehen besteht im Wesentlichen – wie zuvor bei Rot-Weiß-Rot – aus Prüfung, Durchsicht und Lektorat von Drehbüchern. Schon im Mai 1958 endet diese Tätigkeit, womöglich ermutigte sie das Honorar für das Ende Mai gesendete Hörspiel ›Der gute Gott von Manhattan‹, die lästige Stelle zu kündigen und die Stadt bald wieder zu verlassen. Sie findet in München »fast alles und fast jedes deprimierend« und schützt sich mit viel Mozart »vor Germanien«, wie sie Hermann Kesten in einer Neujahrskarte mitteilt.

Das Gefühl des Unbehaustseins verlässt sie auch in München nicht. In der Titelerzählung von ›Das dreißigste Jahr‹ (1961) – Bachmann konzipiert die Erzählsammlung in den Jahren 1956/57 – findet diese Lebenskrise literarisch ihren Niederschlag. Die eigene Ruhelosigkeit seit dem Aufbruch nach Italien schimmert darin durch, wie auch deutliche Anklänge an Joseph Roths ›Die Flucht ohne Ende‹ (1927) zu erkennen sind. Der Protago-

Das Suchen nach immer neuen Orten hat unversehens aufgehört für mich. Ich weiß, Sie meinen, es hat viele Leute befremdet, daß ich immerzu umgezogen bin, bald da, bald dort gelebt habe und oft kaum zu erreichen war. Aber die Seßhaften wundern sich eben immer über die Vagabunden, und die Vagabunden wundern sich über die Seßhaften.

Aus einem Interview mit Kuno Raeber (1963)

nist Franz Tunda in Roths Roman ist ein von Unrast Getriebener, Heimatloser und Entwurzelter, der sich letztlich »so überflüssig wie ... niemand auf der Welt« fühlt. »Es schien ihm, daß er den wichtigsten Teil des Lebens hinter sich hatte. Es war nicht mehr an der Zeit sich Erwartungen hinzugeben. Er hatte das dreißigste Jahr überschritten.« Bachmanns Erzählung beginnt mit den Sätzen: »Wenn einer in sein dreißigstes Jahr geht, wird man nicht aufhören, ihn jung zu nennen. ... Und eines Morgens wacht er auf, an einem Tag, den er vergessen wird, und liegt plötzlich da, ohne sich erheben zu können, getroffen von harten Lichtstrahlen und entblößt jeder Waffe und jeden Muts für den neuen Tag.« Diese Erinnerungsszene eröffnet eine ähnlich desillusionierte Lebensbilanz wie die in Roths Roman – Fluchtpunkte im Ausland, Unfähigkeit zu Liebesbeziehungen, Ohnmacht über politische Verhältnisse und Unvermögen der Erkenntnis. Der Protagonist in ›Das dreißigste Jahr‹ flieht auch vor der Liebe. Er »packte seine Koffer, weil er instinktiv begriff, daß auch die erste Stunde Liebe schon zuviel gewesen war, und suchte mit der letzten Kraft seine Zuflucht im Abreisen.«

Dass eine Grenzüberschreitung in der Liebe in den Untergang führt, wird zum Kern von Bachmanns Hörspiel ›Der gute Gott von Manhattan‹, das sie in München nach einer dreijährigen Entstehungszeit fertigstellt. Bachmann gestaltet darin erstmals die mörderische Verbindung von Liebe und Gesellschaft, die im Zentrum der ›Todesarten‹ stehen wird. Das Hörspiel hat zwei Handlungsstränge: die Gerichtsverhandlung des »Guten Gottes« und die im Rückblick erzählte Liebesgeschichte zwischen Jennifer und Jan. In der Gerichtsverhandlung muss sich der »Gute Gott« wegen eines Bombenattentats in einem New Yorker Hotel verantworten, bei dem das Mädchen Jennifer getötet wurde. Ihre im wahrsten Sinne wahnsinnige Liebe

Leben und Werk des großen österreichischen Romanciers **Joseph Roth** (1894–1939) interessierten Bachmann sehr, wie Hermann Kesten berichtet. Kesten war mit Roth bis zu dessen Tod in Paris befreundet und ist der Herausgeber seiner Briefe; Bachmann wiederum lernt Kesten im Schriftstellerkreis des Café Doney in Rom kennen. Im ›Simultan‹-Zyklus (1972) und darin vor allem in der Erzählung ›Drei Wege zum See‹ setzt Bachmann sich noch einmal intensiv mit Roths Werk auseinander, indem sie an die altösterreichische Dynastie der Trottas aus Roths Romanen ›Radetzkymarsch‹ (1932) und ›Die Kapuzinergruft‹ (1938) anknüpft.

zu Jan habe sich gegen die »Ordnung für alle und für alle Tage, in der gelebt wird jeden Tag«, aufgelehnt und deswegen beendet werden müssen, so der »Gute Gott« in seinem Plädoyer: »Ich glaube, daß die Liebe auf der Nachtseite der Welt ist, verderblicher als jedes Verbrechen, als alle Ketzereien.« Das Gesetz der Ordnung siegt damit über das Gesetz der Liebe. Da sich diese Liebe von Jans Seite sowieso schon abkühlte, bedeutet der Tod für Jennifer auch die Erlösung von dieser Liebe. Bevor sich die beiden in die Ordnung anderer Liebenden vor ihnen einrichten, die »das bißchen anfängliche Glut zähmten, in die Hand nahmen und ein Heilmittelunternehmen gegen die Einsamkeit draus machten, eine Kameradschaft und wirtschaftliche Interessengemeinschaft«, setzt der »Gute Gott« der Utopie eines anderen Zustands ein gewaltsames Ende. »Denn die hier lieben, müssen umkommen, weil sie sonst nie gewesen sind.« Die im Stück erwähnten Liebespaare wie Orpheus und Eurydike, Romeo und Julia, Tristan und Isolde reihen Jan und Jennifer in die Geschichte berühmter Liebesbeziehungen ein, deren Absolutheitsanspruch tödlich endet. »Ich glaube, daß die Liebenden gerechterweise in die Luft fliegen und immer geflogen sind.« So wie Jennifer sterben muss und Jan überlebt, wird sich auch in ›Malina‹ das weibliche Ich in seinem männlichen Doppelgänger auflösen, da es für eine solch grenzenlose Liebe »tatsächlich keinen Platz in der Welt gibt und nie gegeben hat«, so Bachmann in einem Interview.

›Der gute Gott von Manhattan‹ wird am 28. Mai 1958 als Koproduktion des Bayerischen und des Norddeutschen Rundfunks gesendet, als Sprecher wirken Charles Regnier, Martin Benrath und Gustl Halenke. Das Hörspiel erhält fast durchweg gute Kritiken, und die gleichzeitig bei Piper erschienene Buchausgabe ist ein Verkaufserfolg. Im März 1959 erhält Bachmann für dieses dritte und zugleich letzte Hörspiel den ange-

---

Und darum will ich dein Skelett noch als Skelett umarmen und diese Kette um dein Gebein klirren hören am Nimmermehrtag. Und dein verwestes Herz und die Handvoll Staub, die du später sein wirst, in meinen zerfallenen Mund nehmen und ersticken daran. … Bei dir sein möchte ich bis ans Ende aller Tage und auf den Grund dieses Abgrundes kommen, in den ich stürze mit dir. Ich möchte ein Ende mit dir, ein Ende. Und eine Revolte gegen das Ende der Liebe in jedem Augenblick und bis zum Ende.

Jan in ›Der gute Gott von Manhattan‹ (1958)

sehenen »Hörspielpreis der Kriegsblinden«. Neben den Rundfunkbearbeitungen und -übersetzungen für Rot-Weiß-Rot in Wien sind noch zwei weitere Hörspielfassungen entstanden, beide nach Texten von Robert Musil: ›Die Schwärmer‹ (Juni 1956) und ›Vinzenz und die Freundin bedeutender Männer‹ (Juni 1958), jeweils im Bayerischen Rundfunk gesendet. Dass Bachmann danach die Rundfunkarbeit aufgibt, mag auch an der Hinwendung zur Oper liegen, die sie sich als neues und lukratives Medium erschließt.

Im Juni 1958, wenige Tage nach der Erstsendung von ›Der gute Gott von Manhattan‹, erhält Bachmann einen Brief von dem Schweizer Schriftsteller Max Frisch. Ihm habe das Hörspiel sehr gefallen und er betont, »wie gut es sei, wie wichtig, daß die andere Seite, die Frau sich ausdrückt. ... Wir brauchen die Darstellung des Mannes durch die Frau, die Selbstdarstellung der Frau«, so Frisch über seine Kontaktaufnahme mit Bachmann in der autobiografischen Erzählung ›Montauk‹ (1975). Anlässlich einer Paris-Reise ein paar Wochen später sucht Bachmann ihn überraschend in seinem Hotel auf, wo Frisch sich gerade wegen eines Gastspiels des Züricher Schauspielhauses von ›Herr Biedermann und die Brandstifter‹ (1958) aufhält. Statt gemeinsam die Premiere zu besuchen, gehen sie Essen und bleiben zusammen bis zur

41 Max Frisch in Rom, Anfang der sechziger Jahre

Wie der Schriftsteller die anderen zur Wahrheit zu ermutigen versucht durch Darstellung, so ermutigen ihn die anderen, wenn sie ihm, durch Lob und Tadel, zu verstehen geben, daß sie die Wahrheit von ihm fordern und in den Stand kommen wollen, wo ihnen die Augen aufgehen. Die Wahrheit nämlich ist dem Menschen zumutbar.

Aus ›Die Wahrheit ist dem Menschen zumutbar‹. Dankesrede zur Entgegennahme des »Hörspielpreises der Kriegsblinden« am 17. März 1959 in Bonn

»grauen Morgenstunde«, so Frisch in ›Montauk‹: »PARIS, die ersten Küsse auf einer öffentlichen Bank, dann in die Hallen, wo es den ersten Kaffee gibt: am Nebentisch die Metzger mit ihren blutigen Schürzen, diese zu plumpe Warnung. ... Eine Woche in Zürich als Liebespaar und aus klarer Erkenntnis der erste Abschied. ... Die klare Erkenntnis, lebbar nicht länger als vier Wochen. Meine Reise nach Neapel. ...Wohin mit uns?«

Im August besucht Frisch Bachmann in Neapel, wo sie mit Henze an der Oper ›Der Prinz von Homburg‹ arbeitet. Im November lautet Bachmanns Adresse dann: Feldeggstraße 21, Zürich – die Wohnung von Max Frisch. Über die plötzliche Entscheidung, mit Frisch zusammenzuleben, ist sie selbst überrascht, wie aus einem Brief an Gustav René Hocke vom 19. November 1958 hervorgeht: »Und jetzt habe ich alles aufgegeben in München, die Wohnung, das Fernsehen und mein Junggesellenleben und mache die ersten Schritte in ein neues Leben hinein. Etwas ratlos und sehr glücklich. Ich denke, Du kennst Max Frisch nicht, aber ich wünsche mir, dass Ihr Euch früher oder später und hier oder in Rom kennenlernt. Wir spielen manchmal mit dem Gedanken, für ein Jahr nach Rom zu gehen. Aber vor allen Gedankenspielen müssen hier erst ein schweizerischer Alltag und eine Arbeitszeit durchgemacht werden, damit eine gute Basis da ist. Heiraten werde ich vorläufig nicht, ich kann nicht, vielleicht überhaupt nie.«

Nach siebenmonatigem Zusammenleben in Zürich – ab Februar wohnen sie im nahen Uetikon am See – erkrankt Frisch im Mai 1959 an einer schweren Hepatitis und muss ins Krankenhaus. Er habe Bachmann »weggeschickt«, worauf sie nach Rom geht, während Frisch in der Züricher Klinik liegt. Nach der Gesundung hat Frisch erkannt, dass er ohne sie nicht leben will – »ich will sie«, so in ›Montauk‹ – und macht ihr einen Heiratsantrag. Sie geht darauf nicht ein. Im Oktober 1959 dann

---

Max Frisch (1911–91), Schweizer Schriftsteller. Selbstentfremdung, Identitätsfragen und Eheprobleme stehen im Mittelpunkt seines Werkes. ›Don Juan‹ (Drama, 1953), ›Stiller‹ (Roman, 1954), ›Homo Faber‹ (Roman, 1957), ›Herr Biedermann und die Brandstifter‹ (Drama, 1958), ›Andorra‹ (Drama, 1961), ›Mein Name sei Gantenbein‹ (Roman, 1964), ›Montauk‹ (Erzählung, 1975), ›Holozän‹ (Erzählung, 1979), ›Blaubart‹ (Erzählung, 1982).

42 Via Giulia 102, Wohnung mit Max Frisch im ersten Halbjahr 1961

in Zürich »der Versuch mit zwei Wohnungen; sie wohnt in dem Haus, wo Gottfried Keller als Stadtschreiber gewohnt hat«. Die Pläne, nach Rom zu ziehen, bleiben virulent, doch erst Ende 1960 finden Bachmann und Frisch eine Wohnung in der Via Giulia 102 in Rom. Dort wohnen sie nur kurz, im Juni lautet die Adresse bereits Via Notoris 1F. An Unseld schreibt sie am 31. Mai 1961, dass sie nun endlich das Gewünschte gefunden hätten, »mit genug Rom und zwei Schreibzimmern, die weit genug auseinander liegen«. Frisch beschreibt in ›Montauk‹, wie sie diese Wohnung erhielten: »Ihr Glanz; wir sitzen vor einem römischen Makler, der die Wohnung einer Baronessa vermietet und zu verstehen gibt, die Baronessa könnte als Mieter einen amerikanischen Diplomaten vielleicht vorziehen, DOTTORE, sagt sie entgeistert wie eine Königstochter, die nicht erkannt worden ist und zögert, SENTA, sagt sie, SIAMO SCRITTORI, und wir bekommen die Wohnung; Terrasse mit Blick über Rom.« Das große Luxusappartement mit livriertem Diener am Eingang sticht von Bachmanns anderen Wohnungen in Rom ab, auch durch die Lage, denn es befindet sich nicht im Zentrum, sondern im vornehmen Monte Parioli. Die Wohnung in Uetikon bleibt während der römischen Zeit erhalten und dient ihnen immer wieder als Fluchtpunkt. Im März 1960 reisen sie gemeinsam nach Klagenfurt, im August 1960

Ich denke an Ingeborg und ihr Verhältnis zum Geld; eine Hand voll Banknoten, Honorar, freut sie kindlich, dann fragt sie, was ich mir denn wünsche. Geld ist zum Verbrauchen da. Wie sie's ausgibt: nicht wie Lohn für ihre Arbeiten, sondern wie aus der Schatulle einer Herzogin, einer verarmten manchmal. Sie ist Verzichte gewohnt; Geld eine Glückssache. … Man hat es oder hat es eben nicht, und wenn es nicht reicht, so ist sie verdutzt, als stimme etwas nicht in dieser Welt. Sie beklagt sich aber nicht.

Aus Max Frisch: ›Montauk‹ (1975)

nach Spanien und im Mai 1961 nach Griechenland – ein Geschenk Bachmanns zu Frischs 50. Geburtstag.

Die Künstlerbeziehung zwischen zwei der bedeutendsten Schriftsteller dieser Zeit ist schwierig. Schon das Schreibmaschinengeklapper des einen lähmt den anderen. Neben der literarischen Konkurrenz haben sie unterschiedliche Auffassungen von ihrer Beziehung. Auch wenn sie vielerorts als Paar auftreten, will Bachmann das Verhältnis mit Frisch nicht publik machen und ihn nicht mit ihren Freunden zusammenbringen. Diese klare Trennung zwischen ihren Freunden, auf die Bachmann grundsätzlich wert legt, empfindet Frisch als störend und kränkend. Bachmann wiederum muss sich seinen Besitzanspruch und seine Eifersucht gefallen lassen. Letztlich erträgt Frisch ihre Unabhängigkeit und ihr Freiheitsstreben nicht mehr. »Oft ist sie für Wochen weg, ich warte in ihrem Rom.« Er ist eifersüchtig, und seine »Hörigkeit ist aufgebraucht«, wie er in ›Montauk‹ schreibt. »Einmal habe ich getan, was man nicht tun darf: ich habe Briefe gelesen, die nicht an mich gerichtet sind, Briefe von einem Mann.« Bachmann wiederum habe später, in der Wohnung in Uetikon, sein Tagebuch in einer verschlossenen Schublade entdeckt. Sie liest und verbrennt es. »Das Ende haben wir nicht gut bestanden, beide nicht«, wie es lakonisch bei Frisch heißt. Für Bachmann ist das Ende der Beziehung, wahrscheinlich aber schon die Beziehung

Nie hatte sie einen Begriff davon, was Zeit bedeutet, sie lebte im Augenblick, faßte Pläne und stürzte sie sogleich wieder um. Das war nur der Ausdruck dafür, daß sie alle Festlegungen haßte, jeden Augenblick frei über sich verfügen wollte. Gegen alles, was sie unter Druck setzen, in ein Schema hineinpressen, sie lenkbar und berechenbar machen wollte, reagierte sie mit stillem, aber unerbittlichem Widerstand. Sie behielt sich vor,

selbst, eine Katastrophe. Sie erleidet einen Nervenzusammenbruch und wird im Dezember 1962 in die Bircher-Benner-Klinik in Zürich eingeliefert. Frisch, nunmehr mit Marianne Oellers, seiner späteren Ehefrau, liiert, steht kurz vor einem mehrmonatigen Aufenthalt in den USA. Bei seinem Besuch in der Klinik habe Bachmann noch gehofft, »daß er, wenn er in Amerika ist, eine Einsicht habe und sie nach Amerika ruft; das wäre die Genesung«. Das letzte Mal sehen sie sich, nach Frischs Rückkehr aus den USA, im Frühjahr 1963 in Rom.

Mehr als vier Jahre, vom Juli 1958 bis zum September 1962, währte die Liebesbeziehung zwischen Ingeborg Bachmann und Max Frisch. Der Tag der Begegnung in Paris ist das einzige vollständige Datum in ›Malina‹, wenn das Ich »bestürzt« auf eine alte Zeitung vom 3. Juli 1958 schaut: »Ein vielleicht rätselloser Tag, sicher ohne Kopfschmerzen, ohne Angstzustände, ohne unerträgliche Erinnerungen …, es ist ein leerer oder ausgeraubter Tag, an dem ich älter geworden bin, an dem ich mich nicht gewehrt habe und etwas geschehen ließ.« Auf die Trennung mag ein anderes Datum in ›Malina‹ anspielen, wenn das Ich an einem 19. September einen »verdammten Ring«, der »nicht mehr gelten sollte«, in die Donau wirft. Am 22. September 1962, unmittelbar nach der Trennung von Bachmann, ist Frisch mit der neuen Lebensgefährtin bereits im Urlaub, wie er in ›Montauk‹ notiert.

43 Rom 1962, von ihrem Bruder Heinz aufgenommen

immer wieder neu anzufangen. Auf diesem Gefühl der Freiheit, daß immer alles offen sei nach allen Seiten, darauf beruhte ihre Produktivität. Daher aber kam zweifellos auch ihre Einsamkeit, ihre Unrast, sie suchte Schutz und Halt und verabscheute zugleich, festgehalten zu werden.

Aus Kuno Raeber, ›Erinnerungen an Ingeborg Bachmann‹
(›Süddeutsche Zeitung‹ 12./13. Oktober 1974)

Während Frisch in ›Montauk‹, zwei Jahre nach Bachmanns Tod erschienen, beredt seine Version der Beziehung darlegt, hat sich Bachmann darüber ausgeschwiegen. Sein Name fällt in keinem Interview und in keinem Text. Allein in Briefen erwähnt sie ihn gelegentlich, doch nach dem Ende der Beziehung hat sie sich die Nennung seines Namens überhaupt verbeten. Anspielungen auf den ehemaligen Gefährten gibt es allerdings zahlreiche im Werk. Einige Passagen des unvollendet gebliebenen ›Todesarten‹-Romans über Eka Rottwitz (auch Kottwitz) zielen deutlich auf Frisch. Jung, der »bedeutende Prosaist«, entdeckte »folgende Nachteile in Eka: sie war verliebt, er war es nicht, sie war ihm zu gescheit, er hatte zwar ausgerechnet das gewollt, aber zu Hause strengte es ihn an, sie war zu erfolgreich, das hatte ihn restlos fasziniert und machte ihn krank. ... Eine weitere Unannehmlichkeit, die ihre Kehrseite hatte, war für Jung, daß Eka einen erschreckenden Wissensumfang hatte, er hätte sich abgefunden mit ihren politischen und historischen Kenntnissen, ... aber daß sie auch viel größere Quantitäten an Literatur kannte, das kam ihm wie eine Unverschämtheit vor, gegen die er ohnmächtig war, und seine anfängliche Bewunderung schlug so unvermutet in Haß um, daß er kein Mittel fand, als das zu zerstampfen, ... und so floh er erst, als er sicher war, daß dort, wo früher Eka war, ein Trümmerhaufen war, dessen Anblick unerträglich war, und daß er bestanden hatte, weil er der Stärkere war.« Drei Jahre später stürzt sich Eka Rottwitz aus dem Fenster und bleibt gelähmt.

Für Bachmann ist die Beziehung mit Frisch wahrscheinlich der schmerzhafteste Einschnitt in ihrem Leben. Nach dem vierwöchigen Krankenhausaufenthalt in Zürich über den Jahreswechsel 1962/63 ist sie wiederholt in medizinischer Behandlung. In Baden-Baden sucht sie häufig einen Psychotherapeuten auf,

---

Max Frisch entdeckte und erlebte Rom auf seine Weise und fand alles ganz doll ... Mit »dem Mädchen«, wie er die Inge nannte, war das Leben nicht einfach ... Hörte er ihre Maschine klappern, mußte er aufhören zu arbeiten: Er wußte, daß dort drüben, wo es klapperte, Qualität in Arbeit war, Überlegenheit. ... Und wenn Ingeborg den Max tippen hörte – er war besonders fleißig, bekanntlich –, ging sie ins Café Greco oder unter die Haube des Friseurs, wo sie stundenlang Illustrierte las.

Aus Hans Werner Henze, ›Reiselieder mit böhmischen Quinten‹ (1996)

44 Um 1960

in St. Moritz ist sie zu Entziehungs- und Aufbaukuren im Kurhotel des befreundeten Ehepaares Auer, und in Berlin muss sie sich zwei Mal längeren Krankenhausaufenthalten unterziehen. Ihre Abhängigkeit von Alkohol und Tabletten beginnt in dieser Zeit, von einigen Psychopharmaka wird sie nie mehr loskommen. Nach einer aktiven Schaffensphase und vielen Erfolgen zwischen 1958 und 1961 ist Bachmann auch künstlerisch vollkommen gelähmt. »Aber ich bin seit zwei Jahren fast permanent krank und weiss nicht, wann es mit dem Schreiben wieder gehen wird. Es gibt kein Gedicht, kein Krümel Prosa, einfach nichts.« Zu diesem Zeitpunkt – der Brief an Hans Paeschke, Herausgeber des ›Merkur‹, ist vom 17. August 1964 – hat sie sich allerdings gerade so weit erholt, dass sie wieder mit der Arbeit beginnen kann. Die intensive Arbeit an den ›Todesarten‹ setzt im Sommer 1964 ein.

In dem großen Projekt einer Sittengeschichte der Zeit, in der alle möglichen unsichtbaren Todesarten in der Gesellschaft gezeigt werden, verarbeitet Bachmann auch ihre Beziehung zu Frisch. Zugleich setzt sie sich mit seinem Werk auseinander, denn im Herbst 1964 erschien Frischs Roman ›Mein Name sei Gantenbein‹, in dem Bachmann die gemeinsame Zeit literarisch ausgebeutet sieht. Frisch ließ ihr zwar noch die Druck-

Jung kam mit ein paar fixen und ein paar veralteten Einflüssen, von denen er sich halbwegs frei gemacht hatte, aus, wie die meisten Schriftsteller, und nun kam Eka daher und gab ihm den Gedanken ein, daß er beschränkt sei, während es seine Beschränktheit war, die ihn sicher machte, die seinen Erfolg ausmachte, der Jung, der von einem erweiterten Jung träumte und versuchte, noch etwas nachzuholen, hätte Fiasko gemacht und die Kritik und seine Leser in eine ebenso heillose Verwirrung gestürzt wie sich selber für eine Weile. *Aus ›Goldmann /Rottwitz-Roman‹ (um 1968)*

45 Juni 1962 in New York, wo sie mit Hannah Arendt zusammentrifft

fahnen zuschicken und strich besonders deutliche, von Bachmann monierte Anspielungen, doch der Befund bleibt: »Das Buch handelte von ihr, ... und sie war beraubt, ausgeraubt, ... weil er ihre 700 Nächte und auch Tage und Weinstunden aufgeschrieben und ›ausgeschlachtet‹ hatte, ... er hatte sie ausgeweidet, hatte aus ihr Blutwurst und Braten und alles gemacht, er hatte sie geschlachtet, sie war geschlachtet auf 386 Seiten in einem Buch.« Die Passage aus ›Requiem für Fanny Goldmann‹ bringt die ungeheure Wut der Titelfigur, einer Schauspielerin, über das Buch ihres ehemaligen Geliebten Toni Marek, eines Schriftstellers, zum Ausdruck.

Bachmann erkennt sich in ›Mein Name sei Gantenbein‹ in der Figur Lila, »der großen Schauspielerin«, wieder. Diese ist mit dem Erzähler verheiratet, der manchmal Enderlin oder Svoboda, zumeist jedoch Gantenbein heißt. »Ein Mann hat eine Erfahrung gemacht, jetzt sucht er die Geschichte seiner Erfahrung«, lautet die Ausgangsposition des Romans, und so wird in immer neuen Versuchsanordnungen die Beziehung zu Lila umkreist. Als Gantenbein schützt der Erzähler vor, blind zu sein. Erst nachdem er mit dieser Täuschung Lilas Theatralik und Hysterie wie ihre Seitensprünge entlarvt hat, gibt er sich zu erkennen.

Sie schreibt auch wieder – wenn auch nur an Frisch, Brief auf Brief, keiner davon wird je abgeschickt, sie nimmt seine Antworten vorweg, probt immer wieder verschiedene Anreden und Schlußfloskeln, variiert und verwirft alle, ihr Denken verläuft in Spiralen – und mündet immer wieder in dem einen: Er MUSS sein Unrecht einsehen, das Unrecht wieder gutmachen ... und ihre EHRE wieder herstellen.

Aus Adolf Opel, ›Ingeborg Bachmann in Ägypten‹ (1996; geschrieben 1964)

Bachmann fühlte sich durch dieses Buch vernichtet. Lila ist eine gekünstelte, verlogene, neurotische und kranke Frau, in die Frisch unzählige Anspielungen auf Bachmann und die gemeinsamen Jahre montiert hat. Dass hinter der Figur Lila kaum ein Leser Ingeborg Bachmann vermutet hätte, hätten nicht Gerüchte diese Lesart aufkommen lassen, änderte nichts an ihrem Vorwurf. Für Bachmann besteht gerade in der literarischen Ausbeutung der eigentliche Verrat und die Vernichtung. Auf ein Versöhnungsangebot von Frisch reagiert sie entsprechend, »denn das Buch, der Mißbrauch eines Menschen, mit dem man fast fünf Jahre gelebt hat, als Studienobjekt, sind nicht ungeschehen zu machen«, so Bachmann in einem Brief an Frisch Ende 1964.

Nach den frühen Entwürfen in den ›Todesarten‹, in denen Bachmann überwiegend biografisch auf die Beziehung wie deren literarische Verarbeitung reagiert, findet sie im Laufe der Jahre zu einer distanzierteren Form der Auseinandersetzung. Ihre Antwort in ›Malina‹ – der einzige von Bachmann publizierte ›Todesarten‹-Roman – zeichnet sich durch überlegene Ironie aus, ohne jedoch die Narben der Verletzung zu verbergen. So illustriert die literarische Verarbeitung der Beziehung mit Frisch, wie Bachmann sich in jeder Arbeitsphase vom (Auto-)Biografischen entfernt, um letztlich eine paradigmatische Situation entstehen zu lassen – die der Todesarten in der Gesellschaft.

In der Frisch-Episode tritt für Bachmann ein grundsätzliches Problem zu Tage, das sie schon zuvor beschäftigte. Wenn sie in der ersten ›Frankfurter Vorlesung‹ (1959) von »der Literatur und ihren Opfern« spricht, mag sie für sich selbst an Hans Weigels ›Unvollendete Sinfonie‹ gedacht haben, aber vor allem an viele prominente Fälle der Literaturgeschichte. In ›Malina‹ werden die »Opfer der Literatur« zum Thema weiblicher Todesarten in der männlichen Kunstschöpfung; Erwähnung fin-

> Alle Liebenden bei Proust lieben eigentlich Menschen, die ihrer nicht würdig sind und oft tief unter ihnen stehen. …
>
> Alle Liebe ist glücklos, und unter ihrem grausamen Gesetz geraten die Liebenden in ein Räderwerk von Angst, Eifersucht und Lüge und einen Schmerz, den Tod und Abwesenheit noch nicht zu heilen vermögen. Erst das Vakuum, das aus dem Vergessen entsteht, erlaubt ihnen, sich wieder an die Wirklichkeit anzupassen.
>
> *Aus ›Die Welt Marcel Prousts – Einblicke in ein Pandämonium‹ (1958)*

den Künstlerpaare wie Eleonore Duse und Gabriele D'Annunzio, Camille Claudel und Auguste Rodin, Lady und Lord Byron. Letztlich werden diese Todesarten als strukturelles Problem auf die gesamte Gesellschaft ausgeweitet, die heuchlerischen und verbrecherischen Mechanismen unterworfen sei. »Eine Welt, in der der Buchhandel zum Menschenhandel ausgeartet ist«, so in den Entwürfen zu ›Malina‹

»Lila ist eine Chiffre für das Weibliche, das andere Geschlecht«, wie Frisch in einem Kommentar erklärt. Er zeigt an der Figur Lila, dass Frauen für das Leiden der Männer verantwortlich sind, weil deren naives, unvernünftiges und neurotisches Verhalten für den Mann undurchschaubar, bedrohlich und zerstörerisch ist. Für Bachmann ist eine solche männliche Zuschreibung – buchstäblich ein Beschriebenwerden – der Beweis, wie Frauen durch Männer klassifiziert, psychiatrisiert und getötet werden. Lila in Frischs Roman erhält auch nie das Wort und wird allein aus der Perspektive des Mannes gesehen. In den unvollendet gebliebenen ›Todesarten‹-Romanen ist die Ausbeutung und Zerstörung der Frau noch am realen Beispiel Frisch orientiert, indem Toni Marek, Jung und Leo Jordan die Frauen als literarisches bzw. wissenschaftliches Material für ihre Arbeiten benutzen. In ›Malina‹ hebt Bachmann dann das gesamte Konstrukt von Frischs Roman aus den Angeln. In die subtile Abrechnung bezieht sie auch Frischs frühere Romane ›Stiller‹ (1954) und ›Homo Faber‹ (1957) ein, in denen dem Ehe- und Beziehungsproblem eine wesentliche Rolle zukommt.

Auf die triadische Konstruktion der männlichen Erzählerfigur Enderlin/Svoboda/Gantenbein antwortet Bachmann mit der patriarchalischen Trias Ivan/Malina/Vater und greift das Identitätsspiel aus Frischs Roman auf: »Mein Name? / Malina«. Doch vor allem setzt Bachmann den erfundenen Geschichten in ›Gantenbein‹ die Träume im Mittelteil entgegen. In einem

Die Erzählungen des französischen Romanciers **Jules Barbey d'Aurevilly** (1808–89) sind für Bachmanns Grundmotiv unsichtbarer Verbrechen in den ›Todesarten‹ von großer Bedeutung. In der Erzählung ›Die Rache einer Frau‹ (1874) heißt es: »Für den Romanschriftsteller gibt es also eine ganze Gattung unbekannter Tragik, die man aus diesen mehr intellektuellen als physischen Verbrechen entnehmen könnte. Diese erscheinen auf der Oberfläche der alten materialistischen Gesellschaften weniger als Verbrechen, weil da kein Blutvergießen vorkommt und Massaker sich nur im Reich der Gefühle und Sitten abspielen.«

komplexen und chiffrierten Verfahren werden zahlreiche Lila-Episoden aufgegriffen und als destruktive Angriffe auf das weibliche Ich umgedeutet. Die zerstörerische, vergewaltigende und mordende Figur des Vaters hat Züge von Frisch/Gantenbein. Indem das Ich ständig Kleider anprobieren und wechseln muss, wird die grundlegende Kleidermetaphorik in ›Gantenbein‹ – »Ich probiere Geschichten an wie Kleider!« – als aufgenötigte Rolle und erstickendes Korsett kenntlich gemacht. Rollenerwartungen wie die als Gastgeberin, Gesellschaftsdame, Geliebte und Gattin in ›Gantenbein‹ sind männliche Projektionen und Zumutungen, die der Frau förmlich ins Fleisch brennen. »Ich ziehe mir das Kleid vor ihm über den Kopf und atme zu rasch, veratme mich, ich kann kaum mehr reden. … das Kleid knistert und rötet mir die Haut bis zu den Handgelenken, es ist furchtbar, es muß ein höllischer Faden gewebt sein in dieses Kleid. Es ist mein Nessusgewand, ich weiß nicht, was in dieses Kleid gefahren ist. Ich wollte es nie anziehen, ich muß gewußt haben, warum.« Mit der Anspielung auf die Sage von Herakles, der Nessus aus Eifersucht töten lässt, um letztlich durch dessen vergiftetes Gewand selbst zu sterben, greift Bachmann die von Frisch unterstellte Untreue auf und bettet das persönliche Drama in einen größeren kulturgeschichtlichen Kontext. Bachmanns Roman erschöpft sich zwar nicht in der differenzierten Gegendarstellung zu ›Mein Name sei Gantenbein‹, doch kommt Frischs Roman im Textgeflecht von ›Malina‹ eine Sonderrolle zu.

Der Zusammenbruch nach der Trennung von Frisch beendigt auch Bachmanns produktive und erfolgreiche Phase der vorangegangenen Jahre. Für das Wintersemester 1959/60 wurde sie als erster Gast an den Lehrstuhl für Poetik in Frankfurt am Main berufen, der vom Fischer Verlag und der Goethe-Universität gestiftet worden war. Die Philosophin, Essayistin

Daß Dichten außerhalb der geschichtlichen Situation stattfindet, wird heute wohl niemand mehr glauben – daß es auch nur einen Dichter gibt, dessen Ausgangsposition nicht von den Zeitgegebenheiten bestimmt wäre. Gelingen kann ihm, im glücklichsten Fall, zweierlei: zu repräsentieren, seine Zeit zu repräsentieren, und etwas zu präsentieren, für das die Zeit noch nicht gekommen ist.

Aus ›Fragen und Scheinfragen‹ (Erste Frankfurter Vorlesung, 11. November 1959)

und Lyrikerin Bachmann schien für eine solche, an angelsächsischen Vorbildern orientierte Dozentur geradezu prädestiniert zu sein. Ihr Stolz über diese Anerkennung geht aus einem Brief an die Eltern vom Juli 1959 hervor: »... der Senat der Universität hat mich einstimmig gewählt, darunter sind zum Beispiel Prof. Adorno, der Weltruf hat als Wissenschaftler und der mir sogar ein Telegramm geschickt hat, wie sehr er sich freue, dass ich nach Frankfurt komme.« Die Poetik-Vorlesungen nutzt Ingeborg Bachmann zur eigenen geistigen Ortsbestimmung. In den fünf vom 11. November 1959 bis zum 24. Februar 1960 gehaltenen Vorträgen, später als ›Frankfurter Vorlesungen: Probleme zeitgenössischer Dichtung‹ publiziert, erörtert sie zentrale poetologische Fragen und steckt dabei ein immenses Spektrum an Autoren und Werken ab. Ihre Vorgehensweise ist trotz des intellektuellen Anspruchs der Vorlesungen unakademisch, in langsam tastender Bewegung nähert sie sich ihren Untersuchungsgegenständen und wirft Fragen auf, ohne eindeutige Antworten zu geben. Da sie als erste Dozentin des neueingerichteten Lehrstuhls an keinen tradierten Vortragsstil anknüpfen kann, muss sie erst den Gestus für eine solche Veranstaltung finden.

Programmatisch ist in der ersten Vorlesung, ›Fragen und Scheinfragen‹, der Verweis auf Hofmannsthals ›Chandos-Brief‹ (1902) als das »erste Dokument, in dem Selbstverzweiflung, Sprachverzweiflung und die Verzweiflung über die fremde Übermacht der Dinge, die nicht mehr zu fassen sind, in einem Thema angeschlagen sind«. Bachmann nennt die großen Autoren der Moderne, deren Werk um diese verlorene Mitte kreist: Kafka, Wittgenstein, Proust, Joyce, Céline, Svevo, Musil und Beckett – Autoren, mit denen Bachmann sich schon in den Radioessays auseinander setzte und auf denen ihr eigenes Kunst- und Weltverständnis gründet. Dass zur Erschütterung der ge-

Bei den Frankfurter Vorlesungen macht Ingeborg Bachmann die Bekanntschaft mit **Theodor W. Adorno** (1903–69). Seit dieser Zeit steht sie mit dem prominentesten Philosophen der »Kritischen Theorie« in intellektuellem und freundschaftlichem Austausch. Adorno besucht sie in Rom, auch gemeinsam mit Gershom Scholem. In Bachmanns Bibliothek sind 20 Titel von Adorno erhalten.

samten Verhältnisse auch ein grundlegender Zweifel an der bestehenden Sprache gehöre, sei der Ausgangspunkt der Literatur des 20. Jahrhunderts. »Mit einer neuen Sprache wird der Wirklichkeit immer dort begegnet, wo ein moralischer, erkenntnishafter Ruck geschieht.« Vom Willen zur Veränderung müsse die Kunst angetrieben sein, und ein verändertes Bewusstsein von Sprache und Kunst könne nur im gesellschaftlichen Kontext entstehen.

In den nächsten Vorlesungen präzisiert Bachmann ihre Forderung nach einer sprachbewussten und gesellschaftskritischen Literatur. Existenzielle Erfahrungen müssten zur Darstellung gebracht werden, damit der Leser aufgerüttelt wird: »Ein Buch muß die Axt sein für das gefrorene Meer in uns«, so Kafka, den sie als Kronzeugen aufruft. Nachdem Bachmann die Grenzen und Möglichkeiten von Literatur weiter ausgelotet hat – in den Vorlesungen ›Über Gedichte‹, ›Das schreibende Ich‹ und ›Der Umgang mit Namen‹ –, schließt sie mit ›Literatur als Utopie‹ den Bogen zum Anfang. Bachmann begreift die Literatur und die Sprache als ein Utopia, »als Richtung, die einschlagbar bleiben wird«. Da das Leben nur eine schlechte Sprache habe, wäre eine Literatur »zu rühmen wegen ihres verzweiflungsvollen Unterwegsseins zu dieser Sprache und darum ein Ruhm und eine Hoffnung der Menschen«. Sie bezeichnet diese Hoffnung als ihren »Sprachtraum«.

Die Resonanz auf Bachmanns Vorlesungen ist gespalten. Eine Kommunikation in den anschließenden Diskussionen kommt nicht recht zu Stande, den Studenten sind die Ausführungen offenbar zu abgehoben. Bei Bachmann stellt sich bald Verdruss über die »unselige Vorlesungsarbeit« ein: »Ich möchte nie wieder Professor sein«, so Ende Dezember 1959 in einem Brief an Kesten. Mit Häme reagiert die Presse auf die Veranstaltungen, ohne dabei über Inhaltliches, dafür umso mehr über das Auf-

Ende März 1960, einen Monat nach den Poetik-Vorlesungen in Frankfurt, ist Ingeborg Bachmann auf Einladung Hans Mayers, gemeinsam mit Hans Magnus Enzensberger und Walter Jens, auf einem **Lyrik-Symposium in Leipzig**, wo sie mit Ernst Bloch, Stephan Hermlin und Peter Huchel zusammentreffen. Durch den Kalten Krieg ist dieses Dichtertreffen zwischen Ost und West ein politisches Signal, das auch negative Reaktionen hervorruft.

treten einer Frau auf dem Podium zu berichten: Ingeborg Bachmann hatte noch vor kurzem einen »ultrakurzen Pagenschnitt« und trage jetzt ihre rotblonden Haare länger; zunächst habe sie »wortlos und bleich« mit einer »modernen, dickrandigen Brille« hinter dem Pult gestanden, wo sie sich durch »Brille, Haarsträhnen, Taschentuch und Manuskripttasche« gegen ihre Umgebung abschirmte, um dann leise und in »fast gleicher Stimmlage« zu sprechen. Ingeborg Bachmann erfüllt in Frankfurt weder inhaltlich noch formal die in sie gesteckten Erwartungen, indem sie ein selbstsicheres Sprechen bewusst vermeidet; »beiseite sprechen« nennt sie es selbst einmal. Von einer tiefen Skepsis gegenüber Gewissheiten und Eindeutigkeiten sind auch andere in dieser Zeit entstandene Texte getragen.

Am 22. Mai 1960 findet die Uraufführung von ›Der Prinz von Homburg‹ an der Hamburger Staatsoper statt, für die Ingeborg Bachmann das Libretto, Hans Werner Henze die Musik geschrieben hat. Die langjährige Freundschaft mit Henze findet damit ihren vorläufigen künstlerischen Höhepunkt. Die Neufassung der Ballettpantomime ›Der Idiot‹, die Bachmann schon 1953 in der gemeinsamen Zeit auf Ischia schrieb, kam kurz zuvor, am 8. Januar 1960, im Berliner Titania-Palast zur Uraufführung, und beide hatten schon an einer gemeinsamen Oper gearbeitet, die 1956 durch den Besuch der Mailänder ›Traviata‹-Aufführung mit

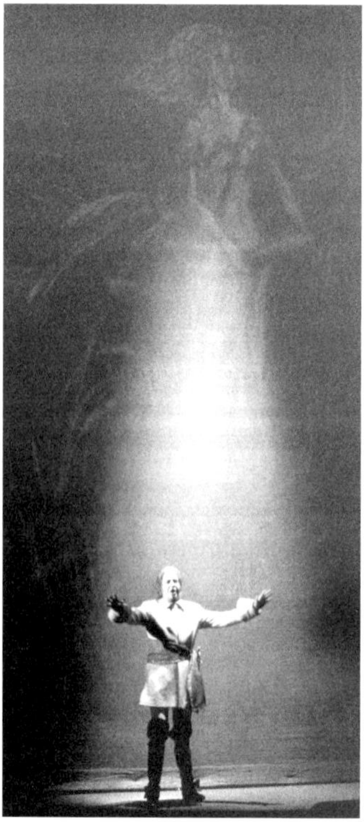

46 ›Der Prinz von Homburg. Uraufführung am 22. Mai 1960 an der Staatsoper Hamburg. Inszenierung: Helmut Käutner. Musikalische Leitung: Leopold Ludwig

Maria Callas in der Titelrolle angeregt worden war. »Dann hatten wir noch ein gemeinsames Opernprojekt, ›Belinda‹, die Geschichte eines aus dem neapolitanischen Proletariat aufsteigenden Filmstars. Wir wollten, kindlich wie wir waren, Maria Callas für die Sopranrolle«, so Henze. Bachmann führt das Scheitern des Projekts darauf zurück, dass sie Arien mit Gedichten und Rezitative mit Dialogen verwechselte, »es mißlang, wie kläglicher kaum etwas mißlingen kann«. Wenig später beginnen Bachmann und Henze ihr zweites Opernprojekt, das sie 1959 erfolgreich abschließen.

Der leicht veränderte Titel ›Der Prinz von Homburg‹ gegenüber Heinrich von Kleists ›Prinz Friedrich von Homburg‹ (1811) deutet bereits eine Verschiebung hinsichtlich der Vorlage an. Da Bachmann das Kleistsche Drama auf ein Drittel kürzen musste, sind einige Szenen entfallen und die gesamte Handlung wurde entsprechend konzentriert. Von allen Texten Kleists ist der ›Homburg‹ den meisten interpretatorischen Missverständnissen ausgesetzt gewesen, die sich pointiert an der Schlussstrophe, »In Staub mit allen Feinden Brandenburgs!«, festmachen lassen; von den Nationalsozialisten wurde dieses Stück gerade wegen seines vermeintlichen nationalistischen Charakters bevorzugt gespielt. So drückt Bachmann in dem Begleittext ›Entstehung eines Librettos‹ ihren Wunsch aus, dass es gelungen sei, den Geist des Stückes »neu und richtig zu benennen«. Bachmann und Henze deuten dieses Schauspiel bereits vor dem in den sechziger Jahren erfolgten Paradigmenwechsel in der Kleistforschung als das Drama eines modernen Menschen, in der »Spannung zwischen dem Sein des Einzelnen und der Staatsräson«, so Henze. Indem Bachmann die militärische Szenerie stark reduziert und den inneren Konflikt des Protagonisten verstärkt, akzentuiert sie den Gehalt der Vorlage. Die Kleistsche Sprache wird weitgehend übernommen, doch

> So mußte der Prinz uns erscheinen als der erste moderne Protagonist, schicksallos, selber entscheidend, mit sich allein in einer »zerbrechlichen Welt« und uns darum nah, kein Held mehr, komplexes Ich und leidende Kreatur in einem, ein »unaussprechlicher Mensch«, wie Kleist selbst sich genannt hat, ein Träumer, Schlafwandler, der Herr seiner selbst wird.
>
> *Aus ›Entstehung eines Librettos‹ (1960)*

manche Poetisierung entfällt, und an ihrer Stelle übernimmt die Musik die Ausdeutung. Bachmann und Henze arbeiten souverän den Kern von Kleists Schauspiel heraus und ergänzen sich in Text und Musik kongenial. Bachmann habe auch in die Musik eingegriffen, Henze musste den Anfang auf ihr »Geheiß dreimal neu komponieren, bevor die Musik ihr stark genug und zutreffend erschien«. Der Erfolg der Uraufführung in Hamburg wird das Duo Bachmann/Henze noch zu einer zweiten Oper ermuntern.

Im Juni 1961 erscheint der Erzählband ›Das dreißigste Jahr‹, der nach langer Ankündigung mit Spannung erwartet wurde, nicht zuletzt, weil einige Erzählungen schon in Zeitschriften und Zeitungen veröffentlicht oder im Rundfunk oder bei der Gruppe 47 gelesen worden waren. Im ›Spiegel‹ wird mit Ironie auf die Publikationsverspätung reagiert, »noch auf der Buchmesse des vergangenen Herbstes ging der Scherz um: Sie wird mit dem ›Dreißigsten Jahr‹ wohl in ihr vierzigstes gehen.« Das Buch ist stellenweise als persönliches Bekenntnis gelesen worden, doch wenn sich auch Parallelen zum Leben der Autorin herstellen lassen, wird eine biografische Lesart gründlich unterlaufen. Die zyklisch angelegte Erinnerungsreise ist Ausdruck einer allgemeinen Verstörung und Verzweiflung: in ›Jugend in einer österreichischen Stadt‹ der Einbruch der Politik in die Kinderwelt, in der Titelerzählung ›Das dreißigste Jahr‹ die Rastlosigkeit der Zeit, in ›Alles‹ die Unmöglichkeit einer »neuen« Erziehung, in ›Unter Mördern und Irren‹ das Schweigen in der Nachkriegszeit, in ›Ein Schritt nach Gomorrha‹ die Machtverhältnisse in Beziehungen, in ›Ein Wildermuth‹ der Verlust der Wahrheit und in ›Undine geht‹ der Abschied von der Männerwelt und der schönen Kunst. Am Ende stehen in allen Erzählungen Abschiede – von der Kindheit, der Gesellschaft, der Liebe, der Kunst.

Henze erinnert sich an **Bachmanns Premierenbesuch** seines Balletts ›Ondine‹ am 27. Oktober 1958 im Royal Opera House in London: »Sie hatte sich, Gott weiß wie und wo, in ein Meermädchen verwandelt und sah unbeschreiblich schön aus: Gewand und Haartracht waren mit Schmuck und Meertang durchflochten und durchflutet. Das windische Bauernkind hatte sich … in ein ätherisches Fabelwesen verwandelt.«

Am Anfang stehen Erinnerungen. Das Motiv der Zeit drückt sich im Titel des Buches aus, und in jeder Erzählung wird aus dem Jetzt in die Vergangenheit zurückgeblickt – als Suche nach der verlorenen Zeit: Bachmanns intensive Beschäftigung mit Marcel Prousts ›A la recherche du temps perdu‹ (1913–27) fällt in die Entstehungszeit von ›Das dreißigste Jahr‹. Aus Paris berichtet sie Unseld im Dezember 1956 von der Lektüre des französischen Originals, und dass ihre Leselust »unersättlich« sei; der Radioessay über Proust vom 13. Mai 1958 vermittelt einiges von ihrem »plaisir«. ›Das dreißigste Jahr‹ ist gewissermaßen eine »recherche en miniature«, indem Themen und Motive aus Prousts siebenteiligem Romanzyklus in Bachmanns siebenteiligem Erzählzyklus wiederkehren. Das zentrale Motiv der Erinnerung bei Proust erfährt in Bachmanns Erzählungen eine zeitbedingte Umdeutung. Der unwillkürliche Gedächtnisakt (»mémoire involontaire«) bei Proust wird zur zwanghaften Erinnerung bei Bachmann. In Abwandlung von Prousts berühmter Szene des Erwachens, die eine Kette von Erinnerungen auslöst, wird in Bachmanns Titelerzählung der Schrecken über das Erwachen laut, wenn der Protagonist sich »mit einem schmerzhaften Zwang an alle seine Jahre« erinnert. In allen Erzählungen aus ›Das dreißigste Jahr‹ befindet sich in der Vergangenheit ein blinder Fleck, der sich ins Licht drängt. Das Bewusstwerden der Zeit, die Verknüpfung von Vergangenheit, Gegenwart und Zukunft, ist unausweichlich. In ›Undine geht‹ – die »eine Schlußschleife im Buch zieht«, so an Unseld im Mai 1961 – ist der Abschied von einstigen Hoffnungen mit dem Abschied von der schönen Kunst gekoppelt.

Undine ist in der Überlieferung ein weiblicher Wassergeist, der erst durch die Vermählung mit einem irdischen Mann eine Seele erhält. Undines Geschichte unter den Menschen ist eine Leidensgeschichte, und nachdem sie von ihrem Mann gekränkt

Und ich wußte plötzlich: alles ist eine Frage der Sprache und nicht nur dieser einen deutschen Sprache, die mit anderen geschaffen wurde in Babel, um die Welt zu verwirren. Denn darunter schwelt noch eine Sprache, die reicht bis in die Gesten und Blicke, das Abwickeln der Gedanken und den Gang der Gefühle, und in ihr ist schon all unser Unglück. Alles war eine Frage, ob ich das Kind bewahren konnte vor unsere Sprache, bis es eine neue begründet hatte und eine neue Zeit einleiten konnte.

Aus ›Alles‹ (›Das dreißigste Jahr‹, 1961)

wurde, verschwindet sie wieder im Wasser. Der Undinen-Mythos geht auf Paracelsus' Werk über Elementargeister zurück, das Friedrich de la Motte Fouqué für seine berühmte Erzählung ›Undine‹ (1811) verwendet, die wiederum Jean Giraudoux seinem Drama ›Ondine‹ (1938) zugrunde legt. Bachmann wurde offenbar durch Henzes Ballett ›Ondine‹ (1958) angeregt und orientiert sich wie dieser an den Vorlagen von Fouqué und Giraudoux. In allen Bearbeitungen ist Undine ein Mischwesen aus Weiblichkeit und Kunst, woraus Bachmann zwei Bedeutungsebenen gleichen Rechts schafft, die jeweils einen eigenen Sinn ergeben. Die inhaltliche Kritik an der Männerwelt – »Ihr Ungeheuer mit Namen Hans!« – setzt Bachmann mit Undines Monolog auch formal um, indem Undine eine Stimme verliehen wird.

Auf der zweiten Bedeutungsebene wird Undine zum Inbegriff der Kunst. »Die Undine ist keine Frau, auch kein Lebewesen, sondern, um es mit Büchner zu sagen, ›die Kunst, ach die Kunst‹«, so Bachmann in einem Interview. Der Schluss der Erzählung zeigt, dass nicht nur die Liebe, sondern auch die Poesie keinen Ort mehr auf der Welt haben: »Die Welt ist schon finster, und ich kann die Muschelkette nicht anlegen. Keine Lichtung wird sein. Du anders als die anderen. Ich bin unter Wasser. Bin unter Wasser. Und nun geht einer oben und haßt Wasser und haßt Grün und versteht nicht, wird nie verstehen. Wie ich nie verstanden habe. // Beinahe verstummt, / beinahe noch / den Ruf / hörend. // Komm. Nur einmal. / Komm.« Undine ruft in den lyrischen Schlussversen ein letztes Mal die Poesie an, um dann im Wasser zu verschwinden. In ›Keine Delikatessen‹ (1963), eines von fünf Gedichten, die Bachmann danach publiziert, wird der Abschied von der Lyrik schärfer formuliert: »Ich vernachlässige nicht die Schrift, / sondern mich. / Die anderen wissen sich / weißgott / mit den Wor-

Der Name **Hans** in ›Undine geht‹, Chiffre für den Mann an sich, lässt sich auch aus Bachmanns Biografie herleiten, in der dieser Name mehrfach vorkommt: von Jack Hamesh, englisch für Hans – im Englischen ist Jack das Synonym für Mann, »every man Jack« meint »alle« –, über Hans Weigel und Hans Werner Richter bis zu Hans Werner Henze, Hans Magnus Enzensberger und Hans Mayer. In ›Malina‹ wird der Geliebte des Ich Ivan, ungarisch für Hans, heißen.

ten zu helfen. ... / (Soll doch, Sollen die andern.) / Mein Teil, es soll verloren gehen.«

Die Kritik ist sich über Ingeborg Bachmanns erste Prosaveröffentlichung uneins. Durch viele Rezensionen zieht sich die Etikettierung »lyrische Prosa«, womit der vollzogene Wechsel von der Lyrik zur Prosa nicht erkannt wird. Diese »Übersiedlung«, wie Bachmann es in einem Interview nennt, erhellt sich aus ihrem literarischen Dialog mit Paul Celan, denn ›Undine geht‹ ist auch eine Antwort auf Celans Büchner-Preis-Rede ›Der Meridian‹ (1960). Celan drückt darin die Hoffnung aus, im Gedicht, »auf der Suche nach sich selbst ..., eine Art Heimkehr« zu erfahren: »Geh mit der Kunst in deine allereigenste Enge. Und setze dich frei.« Bachmann dagegen wählt den Weg nach außen, auf die Anderen und »Abgewandten« hin, um sich freizusetzen – ohne schöne Worte und ohne Verinnerlichung.

Das poetologische Auseinandergehen von Bachmann und Celan fällt auch in die Zeit ihrer letzten verbürgten Begegnung. An diesem Treffen am 25. Mai 1960 in Zürich nehmen Max Frisch und Nelly Sachs teil. Anlass ist die Verleihung des Droste-Preises an Sachs in Meersburg am Bodensee, die Bachmann imitiert hatte. Über diesen Abend schreibt Celan wenige Tage später an Frisch, dass etwas »Dämonisches« in der Luft gelegen habe, »das nicht ins Wort« wollte. Damit greift er genau das Wort auf, das Bachmann ein Jahrzehnt zuvor im Brief an Hans Weigel über das Scheitern der Beziehung verwendete. Dass sich das Dämonische auf ihre unterschiedlichen geschichtlichen Voraussetzungen bezieht, kann vermutet werden, denn auch die ästhetische Auseinandersetzung weist auf die komplementären Schreiborte der beiden Autoren in der Nachkriegsliteratur hin: der verfolgte Jude, im Rückzug auf sich selbst, die Österreicherin aus dem Kollektiv der Täter, die diese Realität zu entblößen versucht – letztlich

47 Giuseppe Ungaretti (1888–1970)

nehmen jedoch beide dieselben Geschehnisse, Erfahrungen und Gefahren in den Blick.

1961 engagiert sich Bachmann in der »Goll-Affäre« – Celan wird von Claire Goll bezichtigt, Gedichte ihres Ehemannes Yvan Goll plagiiert zu haben –, die sich zu einer antisemitischen Hetzkampagne gegen Celan ausweitet. Auch das literarische Einverständnis zwischen Bachmann und Celan bricht nicht ab, wie die Übertragungen von Ungaretti-Gedichten zeigen, die beide in den sechziger Jahren anfertigen. 1961 erscheinen in einer zweisprachigen Auswahl Bachmanns Übersetzungen von Gedichten des italienischen Lyrikers Giuseppe Ungaretti (1888–1970). Der in Ägypten aufgewachsene Ungaretti schreibt in den Schützengräben des Ersten Weltkriegs seine ersten Gedichte, in denen er radikal mit der italienischen Lyrik seiner Zeit bricht: »Die Rötung des Himmels / weckt Oasen / für den Nomaden der Liebe«, so das 1916 geschriebene Gedicht ›Sonnenuntergang‹. Für sein Unbehaustsein durch Herkunft und Krieg findet Ungaretti das Bild des Nomaden in der Wüste. Wie sehr sich Bachmann Ungarettis Bildersprache, Motivik und existenzieller Unerbittlichkeit verbunden fühlt, belegen nicht nur ihre Übertragungen seiner Gedichte ins Deutsche, sondern auch ihre eigene Metaphorik der Wüste – am prägnantesten im ›Wüstenbuch‹ der ›Todesarten‹.

Die beiden sind sich mehrfach persönlich begegnet, und Bachmann hebt in einem Entwurf zu dem »mostro sacro der italienischen Dichtung« dessen Menschlichkeit und Großzügigkeit hervor. »Das größte Geschenk hat mir Ungaretti mit einem Tag in Fiumicino gemacht. Ich weiß noch heute nicht, wie er bemerken konnte, daß es mir schlecht ging, aber er bestand darauf, mich frühmorgens vom Hotel zum Flughafen zu bringen, dort zu warten bis zum Abflug, auf ein Flugzeug, das erst am Abend fliegen sollte, [er] … suchte einen abgele-

---

Ende der fünfziger Jahre wird **Ingeborg Bachmanns Verbindung zu Paul Celan** wieder dichter, wie die Frequenz ihrer Briefe an Celan belegt. Nach einem intensiven Austausch zwischen 1949 und 1952 tritt nach Celans Heirat mit Gisèle Lestrange im Dezember 1952 eine mehrjährige Kontaktpause ein. Zeitweilig kennt Bachmann nicht einmal Celans Adresse, wie ihre diesbezügliche Anfrage bei der Redaktion des ›Merkur‹ im Jahr 1954 nahe legt. Bachmann ist in den fünfziger Jahren häufig in Paris, doch viele Parisbesuche gelten dem französischen Journalisten Pierre Evrard, mit dem sie seit dem Som-

Giuseppe Ungaretti:	Ingeborg Bachmann:
Allegria di naufragi	Freude der Schiffbrüche
E subito ripende	Und plötzlich nimmst du
il viaggio	die Fahrt wieder auf
come	wie
dopo il naufragio	nach dem Schiffbruch
un superstite	ein überlebender
lupo di mare	Seebär

genen Raum für mich, ließ Champagner bringen, tat geheimnisvoll und breitete vier Glücksbringer aus, mit denen ich seither immer reise und wohne. ... ›Ich brauche ja nichts mehr, ich habe alles gehabt. Aber Sie brauchen noch etwas, und das alles soll Sie beschützen.‹«

In der akuten Krise nach der Trennung von Frisch publiziert Bachmann keinen einzigen Text. Sie beginnt mit den Entwürfen der ›Todesarten‹, doch besonders weit geraten diese ersten Versuche nicht. Als unmittelbare Reaktion auf ihre Verfassung schreibt Bachmann eine Vielzahl an Gedichten, in denen ihr Schmerz und Hass laut werden. Die undatierten, größtenteils zwischen 1962 und 1964 entstandenen Gedichte umkreisen die Themen der ›Todesarten‹, denn Krankheit und Wahnsinn, als Nachtseite des Lebens, sind von nun an ein fester Bestandteil in Bachmanns Texten. Auch wenn diese Gedichte ihre Entstehung auf dem Krankenbett schwerlich verleugnen können, von Alkohol und Morphium, von Schwangerschaftsabbruch und Selbstmordversuch künden, rücken sie doch eine grundsätzliche Verstörung in den Blick. »Die schönen Worte haben in diesen Versen dem Entsetzen Platz gemacht, dem Schmerz, der Todesnähe. Sie drücken die Trauer um die verlorengegangene Poesie und die Leiden der Kreatur aus und sind gleichzeitig eine unerbittliche Kritik an der Gesellschaft. Keine schönen Metaphern werden bemüht, um die Verstörung und

mer 1955 – die beiden lernten sich bei dem Harvard-Seminar kennen – eine engere Beziehung hat. Die Liebesbeziehung zu Celan beginnt noch einmal im Oktober 1957, nach einem Treffen bei der Tagung »Literaturkritik kritisch betrachtet« in Wuppertal, und endet unmittelbar vor der Begegnung mit Max Frisch Ende Juni 1958 in Paris. Der Briefwechsel ist von 1957 bis 1961 sehr intensiv; allein im Jahr 1959 sind 16 Briefe, eine Karte und drei Telegramme von Bachmann im Celan-Nachlass verzeichnet.

Auslöschung sichtbar zu machen«, so die Herausgeber in ihrem Vorwort.

Diese Sammlung aus etwa 100 Gedichten, unter dem Titel ›Ich weiß keine bessere Welt‹ (2000) von den Erben herausgegeben, hat die Kontroverse eröffnet, ob es zulässig sei, solche nicht autorisierten Notate zu veröffentlichen. Die Gedichte setzen in ihrer Unmittelbarkeit und Unabgeschlossenheit indes eine Kraft frei, der sich kaum ein Leser entziehen kann. »Wie soll einer allein soviel erleiden können, / soviele Deportationen, soviel Staub, sooft hinabgestoßen / sooft gehäutet, lebendig verbrannt, sooft / geschunden, erschossen, vergast.« Gerade durch das Unfertige und Unbereinigte dieser Gedichte wird ein fragwürdiges Kunstverständnis zur Diskussion gestellt, gegen das Bachmann immer angeschrieben hat: »Adieu, ihr schönen Worte, mit euren Verheißungen«, heißt es in einem Gedicht. So erteilt auch das Ich in ›Malina‹ dem »schönen Buch«, das Ivan fordert, eine Absage. Mit diesen Gedichten begibt sich Ingeborg Bachmann in die literarische Hölle der ›Todesarten‹.

In ihrem eigenen Kranksein diagnostiziert sie eine durchweg kranke Umgebung. Zürich, wo Bachmann paradoxerweise nach der Trennung lebt, während Frisch in Rom wohnt, kann sie auch nicht ertragen, »diese langweilige stumpfe Gegend«, in der nie jemand lacht, so in einem Brief an Uwe Johnson vom 5. Februar 1963. Als sie den ungeliebten Ort verlässt, zieht Ingeborg Bachmann in eine Stadt, die für sie zum Symptom der Krankheit und des Wahnsinns schlechthin wird.

Meine Schreie verlier ich
wie ein anderer sein Geld
verliert, seine Moneten,
sein Herz, meine großen
Schreie verlier ich in
Rom, überall, in
Berlin, ich verlier auf
den Straßen Schreie,
wahrhaftige, bis
mein Hirn blutrot anläuft
innen, ich verlier alles,
ich verlier nur nicht
das Entsetzen, daß
man seine Schreie verlieren
kann jeden Tag und
überall

Aus ›Ich weiß keine bessere Welt‹ (2000)

»Die große Heilanstalt, das große Purgatorium« Berlin und Ägypten: Durch die Wüste

48 Koenigsallee 35 in Berlin-Grunewald, Wohnsitz von Juni 1963 bis Oktober 1965

In ihrer Misere zieht Ingeborg Bachmann im April 1963 nach Berlin. Durch Vermittlung von Freunden hat sie ein einjähriges Arbeitsstipendium der Ford Foundation für die Berliner Akademie der Künste erhalten. Zunächst wohnt sie im Gästeatelier der Akademie in Berlin-Tiergarten, im Juni zieht sie in die Koenigsallee in Berlin-Grunewald. Ihre Wohnung in einer im Grünen gelegenen Villa, gleich neben dem Koenigssee, dient ihr als Schutz gegen die Stadt. Berlin besteht, so schreibt sie Peter Szondi im Dezember 1963, »nur mehr aus dem Grunewald, das ist eine Notwehr, könnte man sagen, aber der erste vernünftige Anfang«.

Der Kalte Krieg befindet sich auf dem Höhepunkt und ist nirgends deutlicher zu spüren als in Berlin, wo durch den Bau der Mauer, zwei Jahre zuvor, die Teilung in Ost und West buchstäblich zementiert worden ist. Ebenso sind die Spuren des Zweiten Weltkrieges allenthalben sichtbar, als Wahrzeichen ragt die Ruine der Gedächtniskirche aus dem Stadtbild auf. Bachmann nimmt Berlin nicht nur als zerstörten Ort, sondern auch als Ort der Zerstörung wahr, denn Berlin war

Der polnische Schriftsteller **Witold Gombrowicz** (1904–69) hat zur gleichen Zeit wie Bachmann ein Stipendium an der Berliner Akademie der Künste, wo beide zunächst wohnen: »Ingeborg Bachmann ... war die erste Person, mit der ich mich befreundete. Wir spazierten, beide etwas verwundert oder betört von dieser Insel (in einem kommunistischen Ozean), oder vielleicht von etwas anderem, wir sahen nicht viel, beinahe nichts, ich entsinne mich, daß mich die Menschenleere in Berlin erstaunte: wenn irgendwo in der Ferne jemand erschien, riefen wir: ›Da, da, ein Mensch am Horizont!‹« (Aus W. Gombrowicz, ›Berliner Notizen‹ 1965)

schließlich das Machtzentrum des Dritten Reiches, wo Krieg und Massenvernichtung geplant und ausgeführt wurden. Doch anstatt sich diesem finsteren Kapitel der Geschichte zu stellen, reiben sich die Westberliner im Boykott der von der DDR verwalteten S-Bahn auf, wie Bachmann kritisch notiert. In ihrem Berlin-Text ›Ein Ort für Zufälle‹ (1964) ist die Stadt eine Wüste, die durch Krankheit, Wahnsinn und Zerstörung gezeichnet ist.

In ihrem eigenen Kranksein empfindet sie die Verwüstungen der Stadt besonders stark. Sie lebt zurückgezogen in der Grunewalder Wohnung, die, mit alten Biedermeier-Möbeln eingerichtet, den Anschein eines wohlgeordneten Daseins suggeriert. Sie kann sich in Berlin immerhin auf literarische Weggenossen der Gruppe 47 stützen – Günter Grass, Uwe Johnson, Walter Höllerer, Reinhard Lettau und Hans Werner Richter.

Johnson ist aus diesem Kreis der vertrauteste Freund. Bachmann lernte ihn im Oktober 1959, kurz nach seiner Übersiedlung von Ost- nach Westberlin, bei einem Treffen der Gruppe 47 kennen. Als sich Johnson durch ein Stipendium der Villa Massimo 1962 für ein Jahr in Rom aufhielt – Johnson freute sich auf »die Nachbarschaft von Ingeborg Bachmann und Max Frisch« –, wurde der Kontakt enger. Dass Johnson gleichzeitig mit Frisch eng befreundet bleibt, ohne Bachmann damit vor den Kopf zu stoßen, ist nur mit seiner ungeheuren Diskretion zu erklären. Seine Unparteilichkeit geht sogar so weit, dass er ›Malina‹ und

49 Uwe Johnson (1934–84). In den frühen Romanen – ›Ingrid Babendererde‹ (1956/1985), ›Mutmaßungen über Jakob‹ (1959), ›Das dritte Buch über Achim‹ (1961), ›Zwei Ansichten‹ (1965) – steht die unterschiedliche Entwicklung von DDR und BRD im Mittelpunkt, in ›Jahrestage. Aus dem Leben der Gesine Cresspahl‹ (4 Bände, 1970–83) stellt er eine komplexe moderne Welt dar, in der das Individuum von Systemzwängen und Ideologien beherrscht wird.

›Montauk‹ lektoriert. Frisch wiederum bekommt Johnsons Erinnerungsbuch für Ingeborg Bachmann, ›Eine Reise nach Klagenfurt‹ (1974), vorab zur Einsichtnahme.

Abwechslung sind für Bachmann die regelmäßigen Fahrradrunden im Grunewald mit Johnson und Richter, an die sich Letzterer erinnert. »Ein oder zweimal in der Woche fuhren wir hinaus ins Grüne, und selbst gelegentlicher Schneefall im ausgehenden Winter hielt uns nicht zurück. Wir fuhren durch den Grunewald, Uwe Johnson voran, dann Ingeborg Bachmann, dann ich. … Der Arzt hatte ihr das Radfahren verschrieben, Bewegung war notwendig für sie, und so war der Radfahrclub entstanden. … Sie war fröhlich, ausgelassen und sprang auf ihr Fahrrad wie ein junges Mädchen, fast sportlich. Nie zeigten sich bei ihr Ermüdungserscheinungen.« Im Zustand physischer und psychischer Erschöpfung muss Bachmann sich in Berlin allerdings zweimal für ein paar Wochen ins Martin-Luther-Krankenhaus begeben. Richter betont jedoch ihre Energie und ihre »Zähigkeit. Aus jeder Enttäuschung rappelte sie sich wieder heraus, um einer neuen entgegenzuleben.«

Der Kontakt zu in Berlin lebenden Schriftstellern aus dem Umfeld der Gruppe 47 führt auch zu gemeinsamem politischen Engagement. Im Juli 1963 reichen Bachmann, Grass und Johnson beim Berliner Landgericht eine Klage gegen den CDU-Generalsekretär Josef Hermann Dufhues ein, der die Gruppe 47 als »Reichsschrifttumskammer« bezeichnete. Die konservative, antiintellektuelle Stimmung in Deutschland, die Wiederaufrüstung und die Ostverträge, aber auch die Kriege in Algerien und Vietnam lassen die Autorin in diesen Jahren wiederholt öffentlich Stellung beziehen: 1958 tritt sie dem »Komitee gegen die Atomrüstung« bei, 1961 unterstützt sie Paul Celan in der antisemitisch gefärbten »Goll-Affäre« und unterzeichnet einen Offenen Brief gegen den Algerienkrieg, 1965 un-

---

Ich habe Angst zu schreiben, weil ich hasse, weil ich nicht die Menschen, aber doch, was sie zuwege bringen seit einiger Zeit zu sehr hasse, weil mich die Lektüre von unseren Zeitungen jeden Tag in einen Zustand bringt, von dem kein Nervenarzt, kein Fatalist, kein Gläubiger einen je heilen könnte. Und ich hasse die Deutschen, nicht weil sie schlecht sind, denn wie sollten sie schlechter sein als andere, aber weil sie uns wieder das Fürchten lehren, und ich hasse sie, weil sie nicht begreifen, dass sie es tun.

Aus dem Nachlass (um 1963)

terschreibt sie eine Erklärung gegen die Verjährung von Naziverbrechen und eine gegen den Vietnamkrieg. Die Einsicht in die Notwendigkeit einer politischen Veränderung in Deutschland veranlasst sie dazu, im September 1965 an einer Wahlkampfveranstaltung der SPD teilzunehmen.

Ihre literarische Arbeit im ersten Berliner Jahr konzentriert sich auf das Libretto für ›Der junge Lord‹, ein Auftragswerk der Deutschen Oper Berlin, das, von Henze vertont, im April 1965 uraufgeführt wird. Nebenbei stellt sie einen Sammelband aus ihren Texten zusammen, den der Piper Verlag 1964 als ›Gedichte Erzählungen Hörspiel Essays‹ herausbringt. Da das Publikum schon mit großer Spannung ein neues Buch von Ingeborg Bachmann erwartet hat, steht die Anthologie bald auf der Bestsellerliste, obwohl lediglich drei darin abgedruckte ›Frankfurter Vorlesungen‹ Erstpublikationen sind.

Von Berlin aus unternimmt Bachmann mehrere Reisen. Im April 1963, direkt nach dem Umzug, ist sie wegen der geplanten europäischen Zeitschrift ›Gulliver‹ auf einer Tagung in Paris. Im Oktober ist sie bei Henze in Castel Gandolfo bei Rom, wo sie gemeinsam am ›Jungen Lord‹ arbeiten, anschließend reist sie weiter nach Zürich. Literarisch bedeutungsvoll werden die insgesamt drei Reisen, die sie im Januar und Februar nach Prag und im Mai 1964 nach Ägypten führen. Der Anstoß zu diesen Reisen kam von Adolf Opel, einem österreichischen Publizisten, den sie Anfang Januar in Berlin kennen lernt. Auch wenn ihre gesundheitliche Situation alles andere als gut ist, sie in Prag manchmal mehrere Tage nicht das Hotel verlässt, weil sie beim Gehen Schwindelanfälle befürchtet, lösen sich allmählich ihre Blockaden nach dem Zusammenbruch. »… heute gehe ich früh schlafen, ganz zufrieden und müde, wie seit langem nicht. Ob sich das hält, weiß ich nicht, aber es kommt mir zum erstenmal vor, daß ich die

---

Seit 1961 ist Bachmann in die Planung der Zeitschrift ›**Gulliver**‹ involviert. Die dreisprachige Kulturzeitschrift sollte von drei Redaktionsgruppen aus Deutschland (u. a. Bachmann, Enzensberger, Johnson, Grass, Walser), Italien (u. a. Calvino, Moravia, Pasolini) und Frankreich (u. a. Barthes, Bataille, Butor, Leiris) geleitet werden und in drei großen Verlagshäusern erscheinen. Ausgerechnet landesspezifische Differenzen in Stil und Denken lassen das grenzüberschreitende Projekt im Sommer 1963 scheitern.

Vergangenheit überwinden kann, denn wenn Prag ein Wunder war, so wirken doch Wunder nicht immer gleich«, schreibt sie Opel am 12. Februar 1964 nach der ersten Pragreise aus Berlin.

Drei ihrer bedeutendsten Gedichte, ›Prag Jänner 1964‹, ›Enigma‹ und ›Böhmen liegt am Meer‹ verdanken ihre Entstehung diesen zwei Reisen. Der Titel ›Böhmen liegt am Meer‹ greift eine Regieanweisung aus ›Das Wintermärchen‹ (1611) von Shakespeare auf, der, so Bachmann in einem Kommentar, damit Böhmen »ans Meer begnadigt« habe. Ingeborg Bachmanns märchenhaftes Böhmen am Meer ruft das untergegangene Habsburgerreich, das Angrenzen an viele Sprachen und Länder wach. Vor allem führt diese »geistige Heimkehr« in ein Land der Hoffnung, der Kunst und der Phantasie. Doch erst das Zugrundegehen und die Einsicht in das Zerstörerische des Lebens ermöglichen einen Neuanfang: »Ich will nichts mehr für mich. Ich will zugrunde gehen. / Zugrund – das heißt zum Meer, dort find ich Böhmen wieder. / Zugrund gerichtet, wach ich ruhig auf. / Von Grund auf weiß ich jetzt, und ich bin unverloren.« Die Bewegung des lyrischen Ich im Gedicht richtet sich auf eine utopische Heimat: »Und Böhmen heißt nicht für mich, dass es Böhmen sind, sondern alle, wir alle sind Böhmen. Und wir hoffen alle auf dieses Meer und auf dieses Land. Und wer nicht hofft und wer nicht lebt und wer nicht liebt und wer nicht hofft auf dieses Land, ist für mich kein Mensch. Und deswegen hab ich gesagt: ›Kommt her ihr Böhmen alle.‹« Ingeborg Bachmann hat ›Böhmen liegt am Meer‹ von allen ihren Ge-

Ingeborg Bachmann ~~[illegible]~~ 278

Böhmen liegt am Meer

Sind hierorts Häuser grün, tret ich noch in ein Haus.
Sind hier die Brücken heil, geh ich auf gutem Grund.
Ist Liebesmüh in alle Zeit verloren, verlier ich sie hier gern.

Bin ich's nicht, ist es einer, der ist so gut wie ich.

Grenzt hier ein Wort an mich, so lass ichs grenzen.
Liegt Böhmen noch am Meer, glaub ich den Meeren wieder.
Und glaub ich noch ans Meer, so hoffe ich auf land.

Bin ich's, so ists ein jeder, der ist soviel wie ihh.
Ich will nichts mehr für mich. Ich will zugrunde gehn.

Zugrund – das heisst zum Meer, dort find ich Böhmen wieder.
Zugrund gerichtet, wach ich ruhig auf.
Von Grund auf weiss ich jetzt, und ich bin unverloren.

Kommt her, ihr Böhmen alle, Seefahrer, Hafenhuren und Schiffe
unverankert. Wollt ihr nicht böhmisch sein, Illyrer, Veroneser
und Venezianer alle. Spielt die Komödien, die lachen machen
Und die zum Weinen sind. Und irrt euch hundertmal,
wie ich mich irrte und Proben nie bestand,
doch hab ich sie bestanden, ein um das andre Mal.

Wie Böhmen sie bestand und eines schönen Tags
ans Meer begnadigt wurde und jetzt am Wasser liegt.

Ich grenz noch an ein Wort und an ein andres Land,
ich grenz, wie wenig auch, an alles immer mehr,

ein Böhme, ein Vagant, der nichts hat, den nichts hält,
begabt nur noch, vom Meer, das strittig ist, Land meiner Wahl zu sehe

50 ›Böhmen liegt am Meer‹ (1964). Reinschrift-Typoskript, Korrekturen von Ingeborg Bachmann

dichten am meisten gemocht, vielleicht auch, weil es ihr in der eigenen lebensgeschichtlichen Krise als »Geschenk« zugefallen sei, so sie selbst. »Es ist deswegen das letzte Gedicht, was ich geschrieben habe …, weil damit alles gesagt ist.«

Als Ende März 1964 das Stipendium der Ford Foundation ausläuft, das sie für ein Jahr an Berlin band, überlegt Bachmann, wieder nach Rom zu ziehen, da sie die Berliner Tristesse nicht erträgt. »Hier ist es jeden Tag so grau, daß ich es nicht zu beschreiben vermöchte, man kann weder schlafen noch aufstehen, und ich kann Berlin nicht mögen, ich kann es wirklich nicht.« Am Ende dieses Briefes vom 9. April überwiegt die Vorfreude auf die geplante Ägyptenreise mit Opel: »Und denken Sie, daß ich sicher bin, daß wir sehr glücklich werden, daß es die schönste Reise wird, für Sie und für mich.« Am 20. April trifft sie in Athen ein, eine Woche später läuft das Schiff nach Alexandria aus.

51 Mena House in Gizeh, direkt bei den Pyramiden. Eines der Hotels, wo Bachmann und Opel wohnen

Sechs Wochen sind Bachmann und Opel in Ägypten. Sie nehmen die klassische Reiseroute von Alexandria nach Kairo, dann über Hurghada am Roten Meer in den Süden bis Luxor, Assuan und Abu Simbel. Opel, der 1996 ein nachträgliches Tagebuch über die Reise veröffentlicht hat, beschreibt die ständige Sorge, ihr den Aufenthalt so angenehm wie nur möglich zu gestalten. Sie besuchen die vornehmen Restaurants und Cafés wohlhabender Ägypter und Ausländer und wohnen in den prächtigen Kolonialhotels in Gizeh, Luxor und Assuan, die Bachmann nur selten verlässt. Aus

… das sogenannte *böhmische*, das inzwischen weltberühmt geworden ist und sicher eines der besten, gleichzeitig schönsten Gedichte unserer Literatur ist. Damals habe ich zu Maria gesagt, *du hast jetzt mit diesem Gedicht das schönste und beste Gedicht geschrieben, das jemals eine Dichterin in unserer Sprache geschrieben hat*, es war niemals als Kompliment gedacht gewesen, ich sagte die Wahrheit, die auch die übrige Welt jetzt längst zur Kenntnis genommen hat.

Franz-Josef Murau in Thomas Bernhards ›Auslöschung. Ein Zerfall‹ (1986)

Opels Bericht entsteht das Bild einer kränkelnden und empfindlichen Diva, die sich allmählich zu einer unkomplizierten und lebenslustigen Frau wandelt. »Je primitiver die Verhältnisse wurden, desto kräftiger behauptete sich ihr Wille zur Selbsterhaltung.«

Dass Bachmann eine besondere Sensibilität für Ägypten, seine Menschen und die unerbittliche Wüste entwickelt, zeigt ihre literarische Bearbeitung in ›Der Fall Franza‹. Fast alle der von Bachmann festgehaltenen Stationen und Erlebnisse entstammen, laut Opel, der eigenen Reise. Der Ort Wadi Halfa wird für Ingeborg Bachmann wie auch für Franziska Jordan zum End- und Wendepunkt der existenziellen Reise ans Ende der Welt. Bachmanns erster, enttäuschender Genuss von Haschisch in Kairo wird als bedeutungsvolles Erlebnis dorthin verlegt und zusammen mit der »amour arabe« – der *ménage à quatre* zwischen Franza und drei Arabern – habe, so Opel, eine »Athener Orgie« zwischen Bachmann, ihm und zwei Griechen zugrunde gelegen – als Befreiung von der Zivilisation der Weißen, als »Sieg über alle Biedermänner« gefeiert. Die Anspielung auf Max Frischs ›Herr Biedermann und die Brandstifter‹ schiebt Franzas Erleben in Bachmanns eigene Geschichte; genau dieses Theaterstück wollten Bachmann und Frisch am Tag der Begegnung in Paris besuchen. Für Franza bedeutet die »arabische Liebe« die »Niederwerfung lächerlicher Vorstellungen« und eine Heilung von der zerstörerischen Beziehung mit Leo Jordan, einem Psychiater, der sie als Studienobjekt missbrauchte. Die ebenfalls in Wadi Halfa eingenommene Mahlzeit – »vier schwarze Hände und eine weiße Hand«,

52 Säulenhalle im Tempel von Karnak, Luxor. »…sie saß oder stand, erdrückt unter diesen Säulen, das war wohl ein Weltwunder.« (Aus ›Der Fall Franza‹)

gemeinsam aus einem Teller – erhält den Charakter einer Katharsis von allen Zwängen und Gewohnheiten. »Es ist das erste und einzige gute Essen, wird vielleicht die einzige Mahlzeit in einem Leben bleiben, die keine Barbarei, keine Gleichgültigkeit, keine Gier, keine Gedankenlosigkeit, keine Rechnung, aber auch keine, gestört hat.« Die mitteleuropäische, kranke und zerstörerische Zivilisation wird der bedingungslosen, heilenden Wüste Arabiens gegenübergestellt. Für Franza wird die Wüste »zur großen Heilanstalt, zum großen Purgatorium«.

Die Notizen und Entwürfe zu Franzas Reise belegen – in der jeweiligen Arbeitsphase ›Wüstenbuch‹, ›Durch die Wüste‹ oder ›Die ägyptische Finsternis‹ genannt –, wie Bachmann sich im Prozess des Schreibens immer weiter von ihrer eigenen Reise entfernt. Sie integriert die altägyptische Kultur in die ›Todesarten‹ und stellt Franzas Geschichte in den Kontext einer jahrtausendealten Geschichte, indem sie auf das Schicksal der Pharaonin Hatschepsut verweist. Egon Friedell zufolge, dessen Klassiker ›Kulturgeschichte Ägyptens und des Alten Orients‹ (1937) sich in Bachmanns Reisegepäck befindet, ist Hatschepsut »das erste weibliche Wesen, das der Weltgeschichte angehört«. Nach Hatschepsuts zweiundzwanzigjähriger Regentschaft, in der Ägypten großen Wohlstand erlebt, werden ihr Name und ihre Darstellungen an Tempeln und Denkmälern von ihrem Nachfolger Thutmosis III. ausgemeißelt. Durch die Tilgung ihrer Spuren kann Thutmosis die Geschichte wieder umschreiben – ohne eine Frau als Pharaonin. Gleichzeitig ist diese Zerstörung ein direkter Angriff auf den Geist der Toten, denn nach ägyptischer Vorstellung bedeutet die Ausmerzung der Erinnerung den »zweiten Tod«, die totale Vernichtung. Bei dem Bildersturm von Thutmosis ist Hatschepsuts Gestalt allerdings oftmals als ausgemeißelte Lücke sichtbar geblieben.

Wadi Halfa, ein kleiner Ort im Sudan, an der Grenze zu Ägypten gelegen, verschwand kurz nach Bachmanns Besuch für immer in den Fluten des Nasser-Sees, der durch den Assuan-Staudamm entstand. »Ich fahre nach Wadi Halfa. Daran kann ich mich klammern. Denn es wird untergehen«, heißt es in ›Der Fall Franza‹. Das Einmalige des dort Erlebten wird überhaupt erst durch die Auslöschung des Ortes und der eigenen Spuren möglich. »Das Wasser ist wichtig und die Erinnerung, daß dort etwas war, einige tausend Jahre lang, daß man selbst dort war, einige Tage lang.«

In dieser Auslöschung einer weiblichen Biografie sieht Bachmann ein Grundmuster männlicher Herrschaft und Kunst. Doch ist die Frau in dem zerstörerischen Akt des Mannes als Ausgelöschte erhalten geblieben, denn »er hat vergessen«, so in ›Der Fall Franza‹, »daß an der Stelle, wo er sie getilgt hat, doch sie stehen geblieben ist. Sie ist abzulesen, weil da nichts ist, wo sie sein soll. … Er hat sie nicht zerstören können. Für sie hier war das nicht Stein und nicht Geschichte, sondern, als wäre kein Tag vergangen, etwas, das sie beschäftigte.« Bachmann verknüpft Hatschepsuts und Franzas Geschichte, um exemplarische weibliche Todesarten vom Alten Ägypten bis in die Gegenwart zu zeigen; Franza stirbt letztlich an den Pyramiden in Gizeh – Ursprung abendländischer Zivilisation –, indem sie mit ganzer Kraft ihren Kopf gegen die Steinquader schlägt.

53 Hatschepsut-Relief im Tempel von Karnak, Luxor. Hatschepsut (18. Dynastie, Regierungszeit 1490–68 v. Chr.). Dass die Ausmeißelung von ihrem Neffen und Nachfolger Thutmosis III. vorgenommen wurde, ist mittlerweile umstritten. Nach neuesten Erkenntnissen hat vermutlich Ramses II., der in seiner langen Regierungszeit (1290–24 v. Chr.) eine Vielzahl an Tempeln mit Darstellungen von sich selbst errichtete, die Erinnerung an Hatschepsut auszulöschen versucht.

Für Ingeborg Bachmann bleibt die Erinnerung an Ägypten sehr lebendig, wie Briefe an Opel nach der Rückkehr bezeugen. »Ich gehe herum und lebe, in jedem zweiten Augenblick sage ich mir: ich lebe, ich lebe wieder ... Dazu kommt, daß dieses unwahrscheinliche Ägypten eine Kraft hat, die anhält, die Wüste, die anhält, ich lebe davon nicht wie von einer Ration, sondern wie von einer Wirklichkeit, die stärker ist als dies hier. Berlin hat gar keine Wirklichkeit ... Ich denke wieder viel an die Wüste, an den Moment, wo mir das Lachen zurückgekommen ist.«

Als sie Mitte Juni 1964 von Ägypten nach Berlin zurückkehrt, findet sie die Mitteilung über die Zusprechung des Georg-Büchner-Preises 1964 vor. Ingeborg Bachmann erhält damit im Alter von 38 Jahren den renommiertesten Preis für deutschsprachige Literatur, obwohl ihr bis dahin veröffentlichtes Werk mit zwei Gedichtbänden, einem Hörspiel und einem Erzählband eher schmal ist. Sie beginnt gleich mit der Konzeption und Niederschrift der Dankesrede ›Deutsche Zufälle‹ für den Festakt am 17. Oktober, in die Erlebnisse und Erfahrungen der Ägyptenreise einfließen. Anfangs verarbeitet sie die Wüstenreise gleichzeitig in ›Der Fall Franza‹ und in ›Deutsche Zufälle‹, wie ein Nachlassblatt zeigt, das Entwürfe zu beiden Texten enthält. Die erste Textstufe der Rede steht noch in der Spannung zwischen Berlin und Wüste, zwischen Krankheit und Heilung, doch trennt Bachmann diese zwei Komplexe wieder. In der in Darmstadt gehaltenen Rede herrschen nur noch Krankheit und Wahnsinn, wenn verängstigte Berliner auf dem Kamel durch die Großstadtwüste reiten und den an Mensch und Stadt sichtbaren Verwüstungen des (Kalten) Krieges zu entfliehen versuchen. Die Flucht endet in der märkischen Sandwüste.

Bachmann hält in dem Text, den sie unter dem Titel ›Ein Ort für Zufälle‹ publiziert, die klaustrophobische Atmosphäre

---

Die Kranken haben nur auf die Kamele gewartet, gehen auf die Kamele zu, stellen sich unter ihren Schutz. Die Felle riechen inbrünstig nach Wüste, Freiheit und Draußen, jeder geht mit seinem Kamel und kommt ungehindert weiter, querfeldein geht's, durch den Forst, man schwimmt mit dem Kamel durch die Gewässer, sitzt endlich auf, es geht durch alle Forste und Gewässer. Das Kamel scheut kein Wasser, es hört keinen Pfiff, keinen Rettungswagen, keine Sirene, keine Nachtglocke, keinen Schuß. ... Man ist draußen.

Aus ›Ein Ort für Zufälle‹ (1965)

des geteilten Berlin fest. Die ins Surreale gleitende Groteske könnte dem Kopf von Büchners Lenz aus der gleichnamigen Erzählung entwunden sein, und Bachmann übernimmt auch den Begriff »Zufälle« für Krankheitsanfälle aus Büchners ›Lenz‹ (1839). Der individuelle Wahnsinn von Lenz artet in Bachmanns Text zum kollektiven Wahnsinn aus, von dem die gesamte Stadt beherrscht wird. Der Wahnsinn des Lärms: »Jetzt fliegt jede Minute ein Flugzeug durchs Zimmer«, der Wahnsinn des Konsums: »die Leute sind nicht zu halten, sie bedrängen die Verkäuferinnen«, der Wahnsinn des Alkohols: »Myriaden von Bierflaschen stehen bis zum Wannsee hinunter« und der Wahnsinn des Krieges: »Alles ist versehrt, nicht durch Geschosse, sondern inwendig«. Bachmann fängt die Krankheit der Zeit ein, die Verdrängung der Geschichte und die Flucht in künstliche Paradiese: Es »muß getrunken werden, damit etwas vergessen wird«. Im geschichtsbelasteten Berlin ist dieser Riss durch die Welt besonders deutlich, doch zielt Bachmann auf eine grundsätzliche geistige Verfassung. In die kunstvoll komponierte Rede, die auch als »Prosagroteske« bezeichnet wurde, bezieht Bachmann zudem Reflexionen über Sprache und Schreiben ein und fragt nach den Möglichkeiten literarischer Dar-

54 Illustration von Günter Grass für ›Ein Ort für Zufälle‹ (1965)

Die Krankheit ist der einzige Ausweg in unserer Art von Gesellschaft, die ungeheuren Aggressionen loszuwerden, unter denen der Einzelne früher oder später unweigerlich zusammenbricht.

Aus einem Interview, ›Südwest-Presse‹ (10. November 1971)

55 Im Engadin 1964

stellung angesichts der geschichtlichen und gesellschaftlichen Wirklichkeit.

Ingeborg Bachmanns Zuversicht nach der Ägyptenreise schwindet allmählich, und ihre gesundheitliche Situation wird wieder schlechter. Aus einer Phase der Regeneration reißt sie auch die anstehende Publikation von Frischs Roman ›Mein Name sei Gantenbein‹, der dann im Herbst 1964 erscheint. Termine und Verpflichtungen hetzen sie in der zweiten Jahreshälfte 1964 von einem Ort zum anderen: Im Juli reist sie nach Wien, im September hält sie sich zur Erholung wieder in dem Kurhotel in St. Moritz auf, im Oktober ist sie zur Verleihung des Büchner-Preises in Darmstadt, und im Dezember reist sie nach Sizilien, wo sie der Jury des »Premio Etno-Taormina« angehört. Als sie Ende Dezember völlig erschöpft nach Berlin zurückkommt, schildert sie Adolf Opel ihren desolaten Zustand: »Es

Ich brauche Freiheit. Viel Freiheit. ... Ich will nicht mundtot gemacht werden. Vielleicht kann man sogar sagen, daß ich eine Kämpfernatur bin. Vor allem aber möchte ich in Ruhe arbeiten. Ungestört sein. ... ich sehne mich nach Frieden und suche meine Zuflucht in der Anonymität.

Aus einem Interview mit Harald Grass (1. Mai 1965)

ist mir schrecklich, Ihnen schreiben zu müssen, daß ich krank bin, daß es wieder sehr arg ist. ... Trotzdem hoffe ich immer noch, daß dieser Rückfall, (den eine, wenn man will, lächerliche Nachricht, in Zusammenhang mit der alten Sache, ausgelöst hat) doch recht bald vorübergeht. ... Aber vor allem fange ich zum ersten Mal an, mich mit der Vorstellung zu befreunden, daß es nicht heilbar ist, daß ich nicht mehr ausgehen und leben kann wie bisher etc., daß ich mich langsam anders einrichten muß. Ich bin so schwach, daß ich an manchen Tagen gedacht habe, ich sei am Auslöschen.« Ihren Freunden in Berlin wage sie kaum mehr etwas zu sagen und »schiebe Grippe und Erschöpfung vor und murmle was von Kopfschmerzen«. Bachmann ist in Berlin in ständiger ärztlicher Behandlung, zuweilen sucht sie noch ihren Arzt in Zürich auf, und im Februar und März 1965 hält sie sich für einige Wochen in einem Sanatorium in Baden-Baden auf. Auch ihre Tablettenabhängigkeit nimmt zu, während die Wirkung immer geringer wird: »... denn es geht auch mit den Medikamenten nicht mehr, früher konnte ich mich meistens damit stundenlang über Wasser halten.«

In diese Phase der Niedergeschlagenheit fällt am 7. April 1965 die Premiere von ›Der junge Lord‹ an der Deutschen Oper Berlin, die durch den großartigen Erfolg ermutigend für Bachmann gewesen sein dürfte. Schon die gemeinsame Arbeit an der Oper, unter anderem in Henzes Haus in Italien, »war unser beider Versuch, über Erlittenes zu lachen. Wir lachten ja so gern zusammen«, so Henze. »Das Schreiben des Librettos fiel ihr nicht leicht, sie war immerzu müde, hinfällig und traurig, oft mußte ich sie mit gespielter Strenge an den Schreibtisch zwingen, was wir beide dann auch wieder komisch fanden.« Dem Sujet der Opera Buffa war dies sicherlich zuträglich, allein die Schlusspointe ist von großer Komik: Ein im biedermeierlichen Ort Hülsdorf-Gotha erschienener Fremder, der we-

Ingeborg Bachmann wird im Herbst 1965 gemeinsam mit **Hans Magnus Enzensberger** (*1929) in den Vorstand der »Europäischen Schriftstellergemeinschaft« COMES (*Comunitá Europea degli Scrittori*) aufgenommen. Aus der langjährigen und engen Freundschaft zu Enzensberger resultiert auch ihre Publikation der letzten vier Gedichte – ›Keine Delikatessen‹, ›Enigma‹, ›Prag Jänner 64‹ und ›Böhmen liegt am Meer‹ – im ›Kursbuch‹ (1968), das von Enzensberger herausgegeben wird und das intellektuelle Organ der Studentenbewegung ist.

gen seiner Vornehmheit von allen Bewohnern bewundert wird, entpuppt sich als Affe.

Das Libretto zu ›Der junge Lord‹ basiert auf Wilhelm Hauffs ›Der Affe als Mensch‹ aus dessen Märchenalmanach ›Der Scheik von Alessandria und seine Sklaven‹ (1827). Bachmann schält den »tragfähigen Kern«, so in ihren ›Notizen zum Libretto‹, aus der Parabel von Hauff heraus und nimmt noch weitere Partikel aus der Vorlage in ihr Textbuch auf. Die spießbürgerliche Doppelmoral und die Fremdenfeindlichkeit wird von Bachmann nicht nur inhaltlich, sondern auch sprachlich verstärkt. Sie entlarvt die biedermeierliche Sprache der Bürger von Hülsdorf-Gotha, deren Floskeln lediglich der Kaschierung ihrer Scheinheiligkeit dienen. Bachmanns Sprachskepsis findet darin ihren adäquaten Ausdruck, und indem sie die Sprache in Phrasen erstarren lässt, schafft sie für Henze ideale Freiräume zur musikalischen Ausformung. Bachmann beweist in ›Der junge Lord‹ auf vielfältige Weise ihre Fähigkeiten als brillante Librettistin.

Die offen gelegte Aggressivität in der Idylle – ob in einem Biedermeierstädtchen um 1830 oder in der Gegenwart – wird auch an den Figuren deutlich. Luise, die weibliche Hauptperson der Oper, ist ein willenloses, fremdbestimmtes Objekt, das dieser Gewalt am meisten ausgeliefert ist. Diese Akzentuierung weiblicher Ohnmacht in einer restriktiven Umwelt rückt den

56 ›Der junge Lord‹, Uraufführung am 7. April 1965 in der Deutschen Oper Berlin. Inszenierung: Gustav Rudolf Sellner. Musikalische Leitung: Christoph von Dohnányi

›Jungen Lord‹ in die Nähe der ›Todesarten‹, an denen Bachmann gleichzeitig arbeitet.

›Der junge Lord‹ enthebt Bachmann durch Schallplattenverträge, Fernsehaufzeichnungen und Aufführungstantiemen zu einem guten Teil ihrer materiellen Probleme. Sie selbst hat die Opernarbeit, durch den stetigen Zufluss von Tantiemen, als eine Art Altersversicherung gesehen. Noch zu ihren Lebzeiten wird ›Der junge Lord‹ an fast 30 Bühnen aufgeführt, mittlerweile gehört dieses Werk mit weltweit über 50 Inszenierungen zu einer der erfolgreichsten Opern der Nachkriegszeit. Für Bachmann und Henze sollte es dennoch die letzte Zusammenarbeit sein. In der Frage nach der politischen Ausrichtung von Kunst gehen ihre Vorstellungen auseinander. Henze wendet sich in seinen nächsten Werken aktuellen politischen Stoffen zu, Bachmann deckt in den ›Todesarten‹ allgemeine politische Strukturen auf.

Der gemeinsame Auftritt bei einer Wahlkampfveranstaltung der SPD im September 1965 markiert diesen Wendepunkt. In einem Brief vom Juli 1965 überredet sie Henze zur Teilnahme an dieser Veranstaltung für Willy Brandt in Bayreuth, denn sie sehe ein, »daß, trotz allem, was von außen zu sagen ist, diese Partei endlich die Wahlen gewinnen muß, damit man überhaupt weitermachen kann in diesem Land. Denn sonst wird es vor die Hunde gehen.« Im nächsten Brief bietet sie Henze ihre Unterstützung für seine Rede an, »weil ich Dir doch immer helfen möchte, und da kann ich es wahrscheinlich – geh übrigens ruhig ein paar Meter über die Sozialdemokratie hinaus, das schadet diesen Schüchterlingen gar nicht.« Zweifel überkommen sie wegen dieser deutlichen Parteinahme schon,

57 Wahlkampfveranstaltung der SPD am 4. September 1965 in der Bayreuther Stadthalle

»ich glaube doch, daß unsere Ansprüche, Ideen und Forderungen sich über den Tag erheben müssen wie eine Melodie – also ich bleibe unbelehrbar, und ich glaube, daß wir diesen Ideen, auch wenn niemand es verlangt, treu bleiben müssen, weil man nicht existieren kann ohne den Absolutheitswahn, den Grass zum Beispiel mir vorwirft.«

Die Teilnahme an dieser parteipolitischen Kundgebung bedeutet für Bachmann das Ende ihres öffentlichen Engagements. Sie nimmt zwar Anteil an der Politisierung der Gesellschaft in den sechziger Jahren und steht mit politischen Aktivisten in Kontakt, aber für sich selbst erkennt sie im Schreiben die eigentliche politische Aufgabe. In allen Interviews dieser Jahre, befragt nach ihrem politischen Credo, weist sie auf die Verpflichtung des Künstlers hin, sich nicht in tagespolitischen Fragen zu ergehen, sondern »die Menschen dorthin zu bringen oder mitzureißen, in die Erfahrungen, die die Schriftsteller machen und die ihnen durch diese gefährliche Entwicklung dieser modernen Welt weggenommen werden«. Für den Schriftsteller sei dabei vor allem wichtig, sich nicht der verbreiteten »schlechten Sprache« zu bedienen. An der »engagierten Kunst« der Studentenbewegung schreckt sie letztlich auch die Kunstfeindlichkeit, so dass sie auf Henzes politische Kunst mit Skepsis reagiert, während dieser von Bachmanns Verzicht auf aktive Mitwirkung enttäuscht ist.

Die Diskussion über die Aufgabe des Künstlers lässt Bachmann und Henze von nun an geistig getrennte Wege gehen, während sie geografisch zusammenrücken. Nach mehreren Monaten des Unterwegsseins – Reisen nach Österreich, Frankreich und Italien – bereitet Ingeborg Bachmann Ende 1965 ihre Übersiedlung nach Rom vor, um Berlin nach zweieinhalb Jahren zu verlassen. Im Oktober findet sie eine Wohnung, im November kehrt sie endgültig nach Rom zurück.

Ein Schriftsteller hat keine »Worte zu machen«; das heißt, er hat keine Phrasen zu verwenden. Jedes Wort, ob es nun »Demokratie« oder »Wirtschaft« oder »kapitalistisch« oder »sozialistisch« heißt, muß er in seinem Werk vermeiden, um darstellen zu können. … Die Schriftsteller werden … abdanken müssen, wenn sie nur noch die Phrasen im Mund haben, die die anderen auch haben.

Aus einem Interview mit Ekkehart Rudolph (23. März 1971)

»Ich sammle nur die Geschichten mit letalem Ausgang.« Rom: ›Todesarten‹

In Rom bezieht Ingeborg Bachmann im November 1965 eine Wohnung in der Via Bocca di Leone 60, unweit der Spanischen Treppe, im Zentrum der Stadt. Ihre Rastlosigkeit nimmt ein wenig ab, in Rom ist sie »residente«, wie sie es selbst formuliert. »Und ich habe mich in diese Stadt so verbissen, nicht weil ich sie, was nur halb stimmt, sehr liebe, sondern weil sie mir dreimal genommen worden ist auf die unwürdigste Weise, und weil man von einem Ort nicht loskommt, in den man soviel investiert hat«, schreibt sie Uwe Johnson am 24. Januar 1966. Im Sommer desselben Jahres teilt sie Johnson mit, dass sie wieder gern dort lebe und Rom das Richtige gewesen sei: »Warum, das weiß ich nicht, ich bin bloß so gerne hier, es gefällt mir wieder.«

Dass sie sich von nun an hauptsächlich in Rom aufhält, hängt auch mit der Arbeit an ihrem literarischen Großprojekt zusammen, denn die nächsten Jahre stehen ganz im Bann der ›Todesarten‹. »Ich bin fein heraus«, habe sie zu Toni Kienlechner mit leisem Triumph gesagt, »viele Schriftsteller haben die Schwie-

58, 59 Via Bocca di Leone 60 (oben). Am 18. Dezember 2000 wurde zu Ehren Ingeborg Bachmanns hier eine Gedenktafel angebracht.

rigkeit, entscheiden zu müssen, worüber sie jeweils schreiben wollen. Ich weiss es. Ich werde an nichts anderem mehr schreiben als an diesen Büchern, an diesen ›Todesarten‹.« Bachmann nimmt noch kleine Auftragsarbeiten für Zeitschriften und Zeitungen in Deutschland an, von denen sie keine einzige abschließt. Im Nachlass befinden sich auch abgebrochene Werbetexte für die italienische Firma Olivetti, datiert vom Herbst 1966: »Erkennt man ein Meisterwerk? / Ein berühmter Dichter sagt, dass auf den ersten Blick niemand ein Meisterwerk erkenne. Wir aber behaupten, dass eine gute elektrische Schreibmaschine sofort zu erkennen ist.«

In diese Zeit fällt der Konflikt mit dem Piper Verlag. Nachdem Bachmann die russische Lyrikerin Anna Achmatowa im Dezember 1964 in Taormina kennengelernt hat, schlägt sie im Januar 1965 Paul Celan als Übersetzer ihres Gedichtbandes ›Requiem‹ vor. Anfang 1966 muss sie mit Entsetzen feststellen, dass der Band in der Übertragung von Hans Baumann, Liedschreiber für die Hitlerjugend und Repräsentant der NS-Kulturpolitik, angekündigt ist. Auf Bachmanns Protest beim Verlag wird mit Ausflüchten reagiert; letztlich gelangt das Buch dadurch zwar nicht in den Handel, aber in einem Sonderdruck für die Freunde des Verlages werden einzelne Gedichte publiziert. Am 18. März 1967 zieht Bachmann in einem Schreiben an Klaus Piper »die Konsequenzen aus den Briefen und dem, was im Verlag, in Zusammenhang mit der Achmatowa-Übersetzung, vorgefallen ist. Ich gehe weg.« Der Verlagswechsel zu Suhrkamp wird allerdings durch die Vorschüsse erschwert, die sie von Piper bereits für das nächste Buch erhalten hat. Endgültig wird der Streit erst im Sommer 1970 beigelegt: ›Malina‹ und die weiteren ›Todesarten‹ sollen bei Suhrkamp, der Erzählband ›Simultan‹ bei Piper erscheinen.

Aus dem Nachlass sind die unvollendeten **Rezensionen** zu Büchern von Georg Groddeck, Leo Lipski, Sylvia Plath und Thomas Bernhard, Nachrufe auf Witold Gombrowicz und Giuseppe Ungaretti sowie ein Vorwort zu einer Gedichtanthologie von Bertolt Brecht publiziert worden. Daneben sind begonnene **Übersetzungen** erhalten, eine Erstübersetzung, ›Fataler Monolog‹ (1969) von Roberto Calasso, und zwei Neuübersetzungen, ›Der Belagerungszustand‹ (1948) von Albert Camus und ›Von Zeit und Strom‹ (1935) von Thomas Wolfe.

Die ›Todesarten‹ sind bei Bachmanns Übersiedlung nach Rom so weit gediehen, dass sie am 9. Januar 1966 in Zürich erstmals aus ›Der Fall Franza‹ liest; im März folgen Lesungen in mehreren bundesdeutschen Städten. In der Vorrede in Berlin am 24. März erläutert sie das Romanprojekt: »Dieses Buch ›Todesarten‹ will erzählen von den Verbrechen, die heute begangen werden. Vom Virus Verbrechen, der nach zwanzig Jahren nicht weniger wirksam ist als zu der Zeit, in der Mord an der Tagesordnung war, befohlen und erlaubt.« In einer anderen Vorrede präzisiert sie den Begriff Verbrechen – »dort fließt kein Blut, und das Gemetzel findet innerhalb des Erlaubten und der Sitten statt, innerhalb einer Gesellschaft, deren schwache Nerven vor den Bestialitäten erzittern.« Das Aufdecken dieser subtilen, intelligenten Verbrechen ist das thematische Leitmotiv, das die gesamte Arbeit am ›Todesarten‹-Komplex bestimmt.

60 Ingeborg Bachmann in der Wohnung in der Via Bocca di Leone, Ende der sechziger Jahre

Der Arbeitsbeginn an den ›Todesarten‹ dürfte im August 1962 liegen, als Bachmann dem Piper Verlag den Beginn eines neuen Buches ankündigt; motivisch und thematisch lassen sich allerdings schon Verbindungen zu dem verschollenen Roman ›Stadt ohne Namen‹ (1947–51) und anderen Entwürfen aus den fünfziger Jahren herstellen. Den Titel ›Todesarten‹ verwendet sie dann erstmals in einem Brief an Klaus Piper vom 28. August 1963. In der ersten Arbeitsphase 1962/63 ist noch von einem einzelnen Roman die Rede, der um die Figur Eugen Tobai kreist. Nach der Ägyptenreise entsteht im Sommer 1964, parallel zur Büchner-Preisrede ›Ein Ort für Zufälle‹, das ›Wüstenbuch‹, an dem Bachmann bis zum Sommer 1965 arbeitet. Durch einen Konzeptionswandel beginnt sie dann zwei neue Vorhaben, ›Der Fall Franza‹ und ›Requiem für Fanny Goldmann‹, an denen sie bis zum Herbst 1966 schreibt. In den Roman ›Der Fall Franza‹, den sie zuweilen ›Das Buch Franza‹ nennt, wird das ›Wüstenbuch‹ ins dritte Kapitel, ›Die ägyptische Finsternis‹, aufgenommen. In den ›Franza‹-Romanen flieht die Titelfigur mit ihrem Bruder nach Ägypten, nachdem sie in Wien von ihrem Mann Leo Jordan als Studienobjekt für seine psychologischen Arbeiten benutzt worden war. In ›Requiem für Fanny Goldmann‹ steht die titelgebende Schauspielerin im Mittelpunkt, die von dem Schriftsteller Toni Marek als literarisches Material missbraucht wurde. In den Entwürfen zu ›Requiem für Fanny Goldmann‹ taucht das erste Mal die Figur Malina auf.

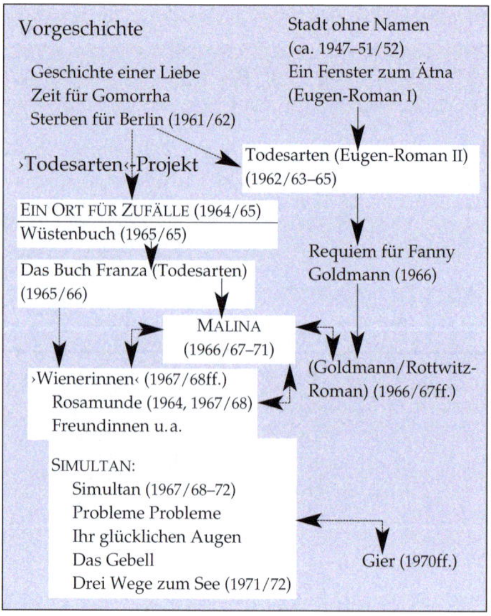

Das ›Todesarten‹-Projekt im genetischen Überblick. Pfeile bedeuten genetische Bezüge, weiße Kästchen abgeschlossene oder aufgegebene Werke, Kapitälchen zu Lebzeiten veröffentlichte Werke.

Ab 1967 arbeitet Bachmann dann parallel am ›Goldmann/Rottwitz-Roman‹ und an ›Malina‹. Im ›Goldmann/Rottwitz-Roman‹ stellt sie in einer Art Doppelgeschichte der österreichischen Schauspielerin Fanny Goldmann die deutsche Journalistin Eka Kottwitz (später Aga Rottwitz) gegenüber; dieser Roman ist von den vier ›Todesarten‹-Texten – ›Der Fall Franza‹, ›Requiem für Fanny Goldmann‹, ›Goldmann/Rottwitz-Roman‹ und ›Malina‹ – am wenigsten ausgeführt. Ab 1969 arbeitet sie nur noch an ›Malina‹. Die Ouvertüre für das mehrbändige Großprojekt schließt sie im Dezember 1970 ab.

In Entwürfen zum gesamten Zyklus verweist Bachmann auf das Vorbild von Honoré de Balzacs Romanzyklus ›Die menschliche Komödie‹, und in einem Fernsehstatement vom Mai 1969 gibt sie genauer über Umfang und Art des Projekts Auskunft. »Für mich ist es kein Roman, es ist ein einziges langes Buch. Es wird mehrere Bände geben, und zuerst einmal zwei, die wahrscheinlich gleichzeitig erscheinen werden. Es heißt ›Todesarten‹ und ist für mich eine einzige große Studie aller möglichen Todesarten, ein Kompendium, ein Manuale, wie man hier sagen würde, und zugleich stelle ich mir vor, daß es das Bild der letzten zwanzig Jahre geben könnte, immer mit dem Schauplatz Wien und Österreich.«

Ab 1967 entstehen parallel einige Erzählungen mit dem Arbeitstitel ›Wienerinnen‹, von denen 1972 fünf unter dem Titel ›Simultan‹ erscheinen. Dieser Band weist thematisch und im Figurenensemble viele Verknüpfungen zu den ›Todesarten‹ auf, war aber von Bachmann nicht als originärer Bestandteil des Romanzyklus gedacht.

Die Arbeit an dem ›Todesarten‹-›Simultan‹-Komplex, begleitet von immer neuen

61 Via Bocca di Leone, 1967

Anläufen, Änderungen des Gesamtkonzepts und der Einstellung einzelner Romane, ist kräftezehrend. Doch erst einmal atmet Bachmann nach der Rückkehr in ihre Wahlheimat Rom auf. »Hier ist alles so geworden, wie ich es mir nicht vorgestellt habe, aber viel besser. Also mit einer Abweichung, die selten ist«, schreibt sie im Juni 1967 an Peter Szondi aus der Via Bocca di Leone. Sie fühlt sich in ihrer Wohnung, zu der eine große Terrasse gehört, sehr wohl, auch wenn sie über Lärm im Haus klagt. Über ihre Wohnungseinrichtung – in Berlin gekaufte Biedermeier-Möbel und ein Bauernschrank ihrer Großmutter aus Obervellach – würden sich alle ihre römischen Freunde lustig machen, »weil sie sagen, daß es mir gelungen ist, mitten in Rom eine wienerische Wohnung zu haben und ostinamente daran festzuhalten«. Im gleichen Interview von 1969 sieht sie gerade darin die notwendige Distanz für ihr Projekt, denn bis auf die Ägyptenpassagen spielen sämtliche Texte in Österreich und Wien: »Das schwer Erklärliche ist aber, daß ich zwar in Rom lebe, aber ein Doppelleben führe, denn in dem Augenblick, in dem ich in mein Arbeitszimmer gehe, bin ich in Wien und nicht in Rom.«

Bei ihrem vierten Anlauf, in Rom heimisch zu werden – nach den Versuchen 1954, 1957 und 1960 –, kann sie sich auf viele Bekannte und Freunde stützen. Von den deutschen Exilanten der fünfziger Jahre sind zwar nur noch wenige in Rom, dafür hat sie nun engeren Kontakt zur italienischen Intelligenzia. Durch die Planung der Zeitschrift ›Gulliver‹ ist sie mit der italienischen Redaktionsgruppe zusammengekommen, und in Rom zählen Schriftsteller, Regisseure und Verleger zu ihrem weiteren Bekanntenkreis: Roberto Calasso, Italo Calvino, Giangiacomo Feltrinelli, Fleur Jaeggy, Giorgio Manganelli, Elsa Morante, Alberto Moravia, Pier Paolo Pasolini und Giuseppe Ungaretti. Der Lektor und Schriftsteller Roberto Calasso gehört

---

Unter Menschen: ich kann sehr vergnügt sein unter fünf bis sechs Personen, unter fünfzehn werde ich unaufmerksam gegen die beiden Nachbarn und habe immer das Gefühl, nicht auf dem richtigen Platz zu sitzen. Die Gespräche der anderen kommen mir wichtiger und amüsanter vor. Weiss, dass es nicht stimmt, kann mich aber nicht ändern. Zu zweit mit einem Mann gelingts mir hin und wieder Charme zu entwickeln, Geschichten zu erzählen, und ein Gespräch kommt stockend zustande, in dem ich entweder

zu den engen Freunden, und gemeinsam mit dessen späterer Ehefrau, der aus der italienischen Schweiz stammenden Fleur Jaeggy, unternimmt Bachmann im August 1968 auch eine Reise nach Klagenfurt. Ingeborg Bachmann achtet allerdings darauf, ihre Bekannten und Freunde möglichst nicht zusammen zu bringen, wie Henze berichtet, der weiterhin mit ihr in freundschaftlichem Kontakt steht: »Frau Bachmann hielt unter ihren Freunden auf eine strenge Trennung. Sie hielt nichts von Gruppenbildung. Deswegen glauben heute auch viele, die sie gekannt haben, die einzigen zu sein, die in Sachen Bachmann wirklich zuständig sind.« Als »Sektionschefin« – die »für jedermann ihre eigene Sprache, mit dem ihr eigenen Humor und der zugehörigen leise forschenden, geduldigen Genauigkeit« hatte –, ist sie von der in Rom lebenden Freundin Toni Kienlechner bezeichnet worden.

Kienlechner beschreibt auch Bachmanns weltläufige Auftritte in der römischen Gesellschaft: »... eine reizvolle, amüsante, geistreiche und hübsche Frau in der Gesellschaft, sogar mit Vorliebe in der ›vornehmen Gesellschaft‹, die es in Rom gab ..., wo man geistreich und witzig, ›liebevoll-bösartig‹ miteinander umging, wo man möglichst originell und auch oberflächlich war, und wo man sich darauf etwas zugute hielt, keinen gramvollen Tiefgang zu verraten.« Auf ihr Verhältnis zu verschiedenen sozialen und geistigen Schichten in Rom geht Bachmann in einem Statement in dem Film ›Ingeborg Bachmann in ihrem erstgeborenen Land‹ (1973) ein: »Man kann nicht schreiben, wenn man unter Schriftstellern lebt. Man hat unter Menschen zu leben, die ganz anders sind, und heute nach so vielen Jahren in Italien kenne ich Menschen, die so verschiedene Berufe haben, ob es nun Arbeiter sind oder kleine Angestellte oder Leute, die zur römischen Gesellschaft gehören oder Intellektuelle.« Dass ihr das mondäne Auftreten und der Hang

vor mir davonlaufe oder stockend zu mir komme. In beiden Fällen bin ichs nicht. ... Mit Frauen bin ich höflich. Sie langweilen mich tödlich, und ich gebe ihnen jeweils die Antworten, die sie von mir wünschen. »Geht es Ihnen auch so, wenn Sie ...« »Ja, genau so ...«. Sie sind immer glücklich über die Solidarität des Fühlens und Denkens. Etwas, das mir völlig fremd ist.

Aus ›Versuch, klar zu sehen‹ (Nachlass, sechziger Jahre)

zum Luxus von vielen nicht verziehen wurde, wenn sie »in der Blauen Bar des Hotel Sacher saß bis drei Uhr früh, mit der römischen Schickeria umging, aber sich im Goethe-Institut nicht blicken ließ, nach St. Moritz fuhr und vor der Verleihung des Großen Staatspreises in Wien den Kosmetiker aufsuchte«, weiß Hilde Spiel zu berichten.

Ebenso erinnert sich Spiel an das Festbankett nach der Staatspreisverleihung 1968, bei dem Bachmann – »in einem Pagenkostüm, mit schwarzen Kniehosen und Cherubino-Wams« – neben Thomas Bernhard sitzt. Auf diesen »opernhaften Aufzug« wird Bernhard in ›Auslöschung‹ (1986), seinem letzten und größten Roman, zurückkommen: Maria, die in Rom lebende Dichterfreundin des Protagonisten Franz-Josef Murau, erscheint in einem Traum Muraus in »schwarzer Samthose …, die mit großen Seidenmaschen unterhalb ihrer Knie befestigt war, dazu eine kardinalrote Jacke mit türkisfarbenem Kragen«. Für Murau ist Maria die »große Dichterin« und »große Lebenskünstlerin«.

Thomas Bernhard setzt Ingeborg Bachmann in seinem Hauptwerk ›Auslöschung‹ ein Denkmal, indem er mit der Freundschaft zwischen Maria und Murau an die eigene Freundschaft erinnert, die sich nach der ersten Begegnung bei der Verleihung des Großen Österreichischen Staatspreises im November 1968 entwickelte. Er besucht Bachmann in Rom, sie ist mehrfach bei Bernhard im oberösterreichischen Ohlsdorf zu Gast. Bachmann erwägt sogar, sich in der Nähe

62 Thomas Bernhard (1931–89), 1969. Bernhard hatte im März 1968 den »Kleinen Österreichischen Staatspreis« erhalten; seine Dankesrede führte zum Eklat. Werke: ›Frost‹ (Roman, 1963), ›Verstörung‹ (Roman, 1967), ›Ein Fest für Boris‹ (Drama, 1970), ›Der Ignorant und der Wahnsinnige‹ (Drama, 1972), ›Korrektur‹ (Roman, 1975), Autobiografien (1975-82), ›Alte Meister‹ (Roman, 1985), ›Der Theatermacher‹ (Drama, 1985), ›Auslöschung. Ein Zerfall‹ (Roman, 1986) und ›Heldenplatz‹ (Drama, 1988).

von Bernhard ein Haus zu kaufen, doch lässt sie diese Idee wieder fallen. Anfang der siebziger Jahre unternimmt sie noch andere halbherzige Versuche, nach Österreich zurückzukehren. Einmal möchte sie ein kleines Bauernhaus in Kärnten kaufen, ein andermal schaut sie sich nach einer Wohnung in Wien um; der damalige österreichische Bundeskanzler Bruno Kreisky ist ihr dabei behilflich und stellt ihr 1973 eine Wohnung der Stadt Wien in Aussicht. Auf Bachmanns Schwanken zwischen Österreich und Rom findet sich in Bernhards ›Auslöschung‹ ein Reflex: »Einmal hat sie zu mir gesagt, *im Grunde will ich nach Wien zurück,* dann aber, oft keine paar Minuten später, genau das Gegenteil, indem sie nämlich mit derselben Überzeugung zu mir gesagt hat, *im Grunde will ich nicht nach Wien zurück,* im Grunde will ich in Rom bleiben und ich will sogar in Rom sterben.« In seiner nachrufartigen Skizze ›In Rom‹ (1978) macht Bernhard die »Unverschämtheit ihrer Rivalinnen« und die »Geistlosigkeit der Wiener Behörden« für die gescheiterte Rückkehr verantwortlich.

Über die persönliche Sympathie hinaus sind beide fasziniert vom Werk des anderen. In ›Auslöschung‹ wird Bachmanns ›Böhmen liegt am Meer‹ als schönstes Gedicht deutscher Sprache gerühmt, und ein ausführlich geschilderter Traum Muraus nimmt deutlich auf das Traumkapitel in ›Malina‹ Bezug. Bachmann wiederum beginnt 1969 eine Rezension seiner Erzählung ›Watten‹, in der sie Bernhard »eine Radikalität, die im Denken liegt und bis zum Äußersten geht«, attestiert; seine Prosa gehe weit über die Becketts hinaus, »durch das Zwingende, Unausweichliche und die Härte«. Auf Bachmanns Vermittlung gehen auch die italienischen Übersetzungen von Bernhard-Büchern im Mailänder Adelphi Verlag zurück. Ingeborg Bachmann verhilft noch anderen Schriftstellerfreunden zu Übersetzungen bei deutschen oder italienischen Verlagen.

Was wäre mir Rom wirklich ohne sie, dachte ich. Ein Glück, daß ich nur ein paar Schritte zu machen habe, um mich an ihrer Gegenwart zu erfrischen, ein Glück, daß es sie gibt.

Aus Thomas Bernhard, ›Auslöschung‹ (1986)

Diese Mittlerrolle zwischen den beiden Kulturen, in denen sie sich zu Hause fühlt, beruht auch auf ihrer Leseleidenschaft, durch die sie über das aktuelle literarische Geschehen in Europa bestens informiert ist. Siegfried Unseld gegenüber, dem sie ständig Bücher vorschlägt, bezeichnet sie sich als »rasender Leser«: »... jeder weiss, wie schnell ich lese, ich lese so windschnell, nein, das macht mir niemand nach, ich könnt mir mein Leben mit Lesen verdienen, aber es gibt keinen Beruf: Schnellleser. Das ist schade, alle meine Probleme wären gelöst«, so in einem Nachlassblatt. Bachmanns Lektüre umfasst mehrere Sprachen – deutsch, italienisch, französisch, englisch – und nahezu sämtliche Genres und Epochen: Prosa, Lyrik und Drama von der Antike bis zur Gegenwart, Philosophie, Psychologie, Geschichte, Politik und Naturwissenschaft. Ihre Lesewut schließt auch Kriminalromane ein, und mit Uwe Johnson, der diese Liebe teilt, besteht ein reger Austausch an Krimis.

Die imposante Belesenheit der »femme des lettres« findet Eingang ins Werk, allein in ›Malina‹ kommen mehr als 100 Autoren und Werke vor. Die Anspielungen, Reminiszenzen und Bezüge sind oftmals so versteckt, dass noch längst nicht alle Texte dechiffriert wurden, wobei Bachmann mit dieser langen Literaturliste die Leser auch auf falsche Fährten führt. Die wirklich relevanten literarischen Quellen sind oft nicht benannt, denn Bachmann macht reichlich Gebrauch von fremdem Textmaterial, um das eigene Thema zu gestalten, streicht aber in jeder Arbeitsphase wieder viele Namen von Autoren und Werken. Auf den Stellenwert von Zitaten in ihrem Werk befragt, erklärt sie 1971 in einem Interview: »Es gibt für mich keine Zitate, sondern die wenigen Stellen in der Literatur, die mich immer aufgeregt haben, die sind für mich das Leben. Und es sind keine Sätze, die ich zitierte, weil sie mir so sehr gefallen haben, weil sie so schön sind oder weil sie bedeutend sind,

Martin Walser und **Uwe Johnson** sind für Lektorat und Streichungen von ›Malina‹ verantwortlich. Das von Siegfried Unseld initiierte Doppellektorat sollte den lange angekündigten Roman endlich zum Abschluss bringen. Die Einbindung von Johnson hat auch strategische Gründe, weil Unseld um die Darstellung der Figur Max Frisch – ebenfalls ein Suhrkamp-Autor – besorgt war. Johnson sollte als gemeinsamer Freund der nunmehr Zerstrittenen für die Unbedenklichkeit der Frisch-Passagen garantieren.

sondern weil sie mich wirklich erregt haben. ... ich verwende nur Sätze, die ich gern selbst geschrieben hätte.«

Diese Erregungsspuren durchziehen den Roman ›Malina‹. Aus der Vielzahl an literarischen Werken ragen Texte von Autoren heraus, mit denen Ingeborg Bachmann persönlich bekannt war: Hans Weigels ›Unvollendete Sinfonie‹, Max Frischs ›Mein Name sei Gantenbein‹ und Gedichte Paul Celans. Der literarische Dialog mit Celan findet vor allem in der eingeschobenen ›Legende der Prinzessin von Kagran‹ im ersten Teil von ›Malina‹ statt; der Fremde in der Legende ist ein Portrait Celans aus den Jahren der Begegnung mit Bachmann in Wien. Die »befremdliche Landschaft« in der Legende, »die nur aus Weiden, aus Wind und aus Wasser war«, ist als sorgsame Bearbeitung der phantastischen Erzählung ›Die Weiden‹ (1907, dt. 1969) von Algernon Blackwood entschlüsselt worden.

Der Roman ›Malina‹ hat vier Teile: Die Vorrede »Die Personen«, das erste Kapitel »Glücklich mit Ivan«, das zweite Kapitel »Der dritte Mann« und das dritte Kapitel »Von letzten Dingen«. In der Vorrede wird programmatisch das Aufdecken der »verschwiegenen Erinnerung« des namenlosen Ich formuliert: »Ich muß erzählen. Ich werde erzählen. Es gibt nichts mehr, was mich in meiner Erinnerung stört.« In »Glücklich mit Ivan«, dem umfangreichsten Kapitel des Romans, erzählt das Ich von seiner Liebe zu dem Ungarn Ivan. Beide wohnen in der Ungargasse in Wien, Ivan im Haus Nr. 9, das Ich im Haus Nr. 6. Mit dem Ich zusammen wohnt Malina, der nach und nach als männlicher Doppelgänger des weib-

63 Ivans Haus (Eingangstür)

Malina ist einerseits in verschiedenen slawischen Sprachen das Wort für Himbeere – und dort als Kosename mitunter erotisch konnotiert –, andererseits als weiblicher Vorname die Abkürzung für Magdalena. In Bachmanns Roman hingegen ist Malina ein Nachname, und als solcher ist er ihr Ende der vierziger Jahre in Wien zweifach begegnet: Zum einen publiziert Bachmann einen Text in ›Die österreichische Illustrierte Zeitschrift‹, deren Chefredakteur Josef Bonifacius Malina war. Zum anderen erscheint 1947 Lilli Stepaneks Roman ›Malina. Eine lustige Theatergeschichte‹, dessen Weiblichkeits- und Kunstkritik Bachmann in den ›Todesarten‹ weiterführt.

lichen Ich erkennbar wird: »... ich will Ivan nicht in die Irre führen, aber für ihn wird nie sichtbar, daß ich doppelt bin. Ich bin auch Malinas Geschöpf.« Das Doppelgängermotiv mit einem männlichen und einem weiblichen Part führt Bachmann als Novum in die Literatur ein. In einem Interview zu ›Malina‹ erklärt sie diesen Kunstgriff als »eine der ältesten, wenn auch fast verschütteten Erinnerungen: daß ich immer gewußt habe, ich muß dieses Buch schreiben – schon sehr früh, noch während ich Gedichte geschrieben habe. Daß ich immerzu nach dieser Hauptperson gesucht habe. Daß ich wußte: sie wird männlich sein. Daß ich nur von einer männlichen Position aus erzählen kann. Aber ich habe mich oft gefragt: warum eigentlich? Ich habe es nicht verstanden, auch in den Erzählungen nicht, warum ich so oft das männliche Ich nehmen mußte. Es war nun für mich wie das Finden meiner Person, nämlich dieses weibliche Ich nicht zu verleugnen und trotzdem das Gewicht auf das männliche Ich zu legen.« Im ersten Kapitel beschreibt das Ich seine Liebe zu Ivan in einer leidenschaftlichen und poetischen Sprache, in einer Sprache der Liebe und des Begehrens. Malina als männliche, rationale Seite der Figur hat noch keinen großen Einfluss. Nach dem überwiegend heiteren Ton in »Glücklich mit Ivan«, hin und wieder von düsteren Erinnerungen des Ich durchkreuzt, setzt das zweite Kapitel, »Der dritte Mann«, ein.

Die ersten beiden Träume – der Friedhofs- und der Gaskammertraum – führen schlagartig in die Hölle. In den insgesamt 34 Träumen bricht die »verschwiegene Erinnerung« auf. Die Figur des Vaters tritt in immer neuen Masken und Verkleidungen auf, um die Tochter zu demütigen, zu schlagen, zu vergewaltigen und zu ermorden. Der Vater ist die alles dominierende Autorität, er tritt als Familien- und Ehetyrann, Gefängnis- und Lageraufseher, als Opern- und Filmregisseur, als Pre-

Das prachtvolle Haus in der **Ungargasse 9** war in den achtziger Jahren extrem sanierungsbedürftig, und die Mieter protestierten gegen den zunehmenden Zerfall des Hauses, nicht ohne auf die Kulturschande hinzuweisen, dass ein so prominenter literarischer Schauplatz verkomme. Kurz darauf wurde das Haus renoviert.

diger und Psychologe auf. »Es ist nicht mein Vater. Es ist mein Mörder.« Die Vatergestalt ist die universale Instanz, die ihre Macht missbraucht.

Ingeborg Bachmann greift – wie im gesamten Werk – zur Ausarbeitung dieses zentralen Abschnitts auf eine Fülle an Literatur zurück. Sie lässt sich vom Piper Verlag eine Liste zu Untersuchungen über Versuche an weiblichen KZ-Häftlingen zusammenstellen, um die auf die NS-Zeit bezogenen Träume nachbilden zu können. Bachmann stützt sich in der Arbeit am Traumkapitel auf Erkenntnisse der Psychoanalyse und der Traumdeutung. Die Träume folgen in ihrer Grundstruktur der Freudschen Traumdynamik. Sie entstehen mit Mitteln von Entstellung und Verdichtung im Unbewussten des Träumenden – diesen Mechanismus verwendet Bachmann. Indem die sexuelle Beziehung des Ich zum Vater mehrfach – in der Sprache der Nazis – als »Blutschande« bezeichnet wird, wird die Kontinuität der Vatergeneration zum Faschismus gezeigt (Sigrid Weigel): Nicht ein familiärer Inzest, sondern der politische Inzest ist gemeint. In einem Fernsehstatement vom Juni 1973 betrachtet Bachmann den Faschismus auch als ein privates Phänomen: »Der Faschismus ist das erste in der Beziehung zwischen einem Mann und einer Frau, und ich habe versucht zu sagen, in diesem Kapitel, hier in dieser Gesellschaft ist immer Krieg. Es gibt nicht Krieg und Frieden, es gibt nur den Krieg.«

Die mehrdeutige Verwicklung von Opfer und Täter, von Frau und Mann, von Tochter und Vater findet Bachmann in einem literarischen Text vorgeformt. Eine der wichtigsten Quellen für das Traumkapitel, die Erzählung ›Das Verbrechen‹ (1927) von Mela Hartwig, ist von Anke Bennholdt-Thomsen entdeckt worden. Hartwig beschreibt die Geschichte von Agnes, die ihren Vater, einen Arzt, liebt. Dieser lässt es aber nicht zum Inzest kommen, behandelt sie als medizinischen Fall und als

---

Mela Hartwig (1893–1967), in Wien geboren, Schauspielerin, Schriftstellerin, Malerin. Emigriert als Jüdin 1938 nach England, dort Kontakt mit Virginia Woolf. ›Das Verbrechen‹, 1927 von Alfred Döblin preisgekrönt, ist die erste Erzählung des Novellenbandes ›Ekstasen‹, der 1928 im Zsolnay Verlag erscheint. Sie wendet sich im Londoner Exil mit Erfolg der Malerei zu. Weitere Werke: ›Das Weib ist ein Nichts‹ (Roman, 1929), ›Das Wunder von Ulm‹ (Drama, 1936), ›Spiegelungen‹ (Gedichte, 1953) und mehrere unveröffentlichte Texte.

Hysterikerin. Am Ende erschießt sie ihn, um sich von ihm zu befreien. In Bachmanns ›Der Fall Franza‹ ist die Konstellation zwischen dem Arzt Jordan und seiner Frau Franza fast identisch, auch wenn das Ende umgekehrt ist, insofern der Mann den Tod der Frau bewirkt: Das Verbrechen ist jedoch an Agnes wie an Franza begangen worden.

Als Bachmann den ›Franza‹-Roman zurückstellt und ›Malina‹ beginnt, überführt sie den Gaskammer- und den Friedhofstraum in das Traumkapitel, und die schon in ›Der Fall Franza‹ erkennbaren Anlehnungen an Mela Hartwigs Erzählung ›Das Verbrechen‹ werden in ›Malina‹ ausgebaut: »Wunsch oder Tatsache des Geschlagenwerdens, das Klavierspiel des Vaters, das nackte Tanzen der Tochter vorm Vater, die Funktion der Polizei kommen in der Erzählung Hartwigs wie in den Träumen in ›Malina‹ vor« (Anke Bennholdt-Thomsen). Einige Passagen im Traumkapitel sind deutliche Paraphrasen auf Hartwigs Erzählung: »Ich werde wahnsinnig, ich werde wahnsinnig. Ich liege auf dem Seziertisch. Du schneidest mir die Bauchdecke auf und wühlst mit blutigen Händen in meinen Gedärmen, du schneidest mir das Herz aus der Brust, stopfst es mir in den Mund wie einen Knebel, damit ich nicht schreien kann, denn ich lebe ja noch, und ich würge an meinem eigenen Herzen, bis ich daran ersticke.« Diese Passage aus ›Das Verbrechen‹ nimmt Bachmann im dritten Traum auf: »Ich lächle also, weil mein Vater nach meiner Zunge langt und sie mir ausreißen will, damit auch hier niemand mein Nein hört, obwohl niemand mich hört, doch eh er mir die Zunge ausreißt, geschieht das Entsetzliche, ein blauer riesiger Klecks fährt mir in den Mund, damit ich keinen Laut mehr hervorbringen kann. ... Das Blau greift tiefer in mich hinein, in meinen Hals, und mein Vater hilft jetzt nach und reißt mir mein Herz und meine Gedärme aus dem Leib.« ›Das Verbrechen‹ erschien in Mela

64 Ende der sechziger Jahre

Hartwigs Buch ›Ekstasen‹, worauf Bachmann in einer Traumsequenz hinweist: »Du bist grausam, sagt Melanie, aber mein Vater verspricht ihr eine Ekstase, er weiß wie verwandt die Grausamkeit und die Wollust sind.«

Dass die Träume in ›Malina‹ über literarische Quellen vermittelt sind – von denen Hartwigs Erzählung ›Das Verbrechen‹ die herausragende sein dürfte –, veranschaulicht das Exemplarische des Traumkapitels. Im Studium eines immensen Literaturkanons über geheime Verbrechen und Todesarten – »Ich sammle nur die Geschichten, die nicht bekannt werden, und nur Geschichten mit letalem Ausgang« – versucht Bachmann, allgemeine, verborgene Todesarten aufzuspüren; solche Fälle reichen in den Ägyptenpassagen des ›Franza‹-Romans bis zur Auslöschung der Königin Hatschepsut vor 3500 Jahren zurück.

Nach dem alptraumhaften Kapitel »Der dritte Mann«, in dem Malina – wie ein Psychotherapeut – das Ich durch die Hölle geführt hat und das Ich sich seiner verborgenen Vorgeschichte bewusst geworden ist, gewinnt Malina im letzten Kapitel, »Von letzten Dingen«, in der gespaltenen Figur immer mehr die Oberhand. Das Ich verzehrt sich an seinen Leidenschaften und seiner Liebe und leidet an seinen Ängsten und Erinnerungen, Malina ist dagegen frei von Emotionen und Störungen – Malina bietet alle Voraussetzungen zum Überleben, das Ich kann nur zugrunde gehen: »Ich habe über Gebühr gelebt.« Die Liebe zu Ivan ist für das Ich nicht mehr tragbar, weil die weibliche, emotionale Seite keinen Platz mehr auf der Welt hat: »Ich habe in Ivan gelebt und ich sterbe in Malina.« Der Roman endet mit dem Verschwinden des Ich in der Wand: »Es war Mord.«

›Malina‹ ist auch ein utopischer Liebesroman. Aus den destruktiven Passagen leuchten immer wieder Momente von Hoff-

BACHMANN ... denn die Männer sind unheilbar krank.
ZILLIGEN Aha? Woran sind die Männer unheilbar krank?
BACHMANN Sie sind es.
ZILLIGEN Sie sind es?
BACHMANN Wissen Sie das nicht?
ZILLIGEN Wenn Sie es mir sagen!
BACHMANN Alle!

Aus einem Interview mit Dieter Zilligen (22. März 1971)

nung auf. Ein Leitmotiv sind die utopischen Einschübe, die mit »Ein Tag wird kommen« überschrieben sind: *»Ein Tag wird kommen, an dem die Menschen schwarzgoldene Augen haben, sie werden die Schönheit sehen, sie werden vom Schmutz befreit sein und von jeder Last, sie werden sich in die Lüfte heben, sie werden unter die Wasser gehen, sie werden ihre Schwielen und ihre Nöte vergessen. Ein Tag wird kommen, sie werden frei sein, es werden alle Menschen frei sein, auch von der Freiheit, die sie gemeint haben. Es wird eine größere Freiheit sein, sie wird über die Maßen sein, sie wird für ein ganzes Leben sein …«.*

Nach der Fertigstellung von ›Malina‹ ist Bachmann sichtlich erschöpft. In der Schlussphase hat sie kaum noch das Haus verlassen und arbeitete bis zu 18 Stunden täglich. Dass sie nach dieser gewaltigen Anstrengung dringend Erholung benötigt, ist ihr selbst klar. Ingeborg Bachmanns Tablettenkonsum ist zu dieser Zeit an einem bedenklichen Punkt angelangt. Sie führt ihre Abhängigkeit auf den ersten Krankenhausaufenthalt 1963 in Berlin zurück, wo sie in der akuten Krise nach der Trennung von Frisch mit unverantwortlich hohen Dosen an Psychopharmaka sediert worden sei; den betreffenden Arzt bezeichnet sie zuweilen als ihren Mörder. In manchen römischen Apotheken gibt man ihr keine Tabletten mehr, Bekannte und Freunde müssen ihr zum Teil nachts Schlaf- und Schmerzmittel beschaffen. Vor vielen kann sie die Sucht verbergen, die Öffentlichkeit erlebt sie elegant zurechtgemacht und geistig gesammelt. Neben den in Rom erhältlichen Mitteln wie Mogadon und Medomin – Schlafmittel, bei denen sich der paradoxe Effekt einstellen kann, dass sie nicht narkotisierend, sondern

65 Ende der sechziger Jahre in Rom

euphorisierend wirken –, erhält sie seit mehreren Jahren den Tranquilizer Seresta aus der Schweiz. Das befreundete Ehepaar Auer, in dessen Klinik in St. Moritz sie sich öfter zur Kur aufhält, versorgt sie mit dem Präparat, das in Rom nicht erhältlich ist. Die Überdosierung von Seresta kann zum Verlust der Tast-, Temperatur- und Schmerzempfindung und der Entzug zu epileptischen Anfällen führen. Der Freund Alfred Grisel, den sie zwischen 1971 und 1973 mehrfach auf Malta besucht, berichtet, dass es sei, als ob sie sterbe, wenn sie dieses Medikament nicht hat. Dass ihre römischen Freunde nichts von der Abhängigkeit von Seresta wissen, sollte sich noch als fatal erweisen.

In der Zeit unmittelbar nach der Publikation von ›Malina‹ schmiedet sie die Pläne, nach Österreich zurückzukehren. Als sie auf einer Lesereise im Mai 1971 in Wien ist, schreibt sie Uwe Johnson: »Wien ist noch schöner und seltsamer als ich befürchtet hatte.« Neben Wien fasst sie zur gleichen Zeit auch Kärnten als Alternative zu Rom ins Auge, wo sie den Kauf eines abgelegenen Häuschens im Gailtal erwägt. Der Bezug zu ihrer Kindheitslandschaft und Heimatstadt ist seit dem Aufbruch im Jahr 1945 bestehen geblieben, sie verbringt meist ein paar Sommerwochen und die Weihnachtszeit bei den Eltern in der Henselstraße in Klagenfurt. Dorthin reist sie auch oft nach privaten Enttäuschungen, die Mutter sei der einzige Mensch gewesen, dem sie von all ihren unglücklichen Liebesgeschichten erzählt habe. Auch der Vater habe immer zu seiner Tochter gehalten und sei von ihrer Genialität überzeugt gewesen, berichtet Isolde Moser.

Mit ihren Rücksiedlungsplänen ist auch die Hoffnung verbunden, sich durch eine Ortsveränderung aus der angespannten gesundheitlichen Lage zu befreien. Bachmann bleibt dann doch in Rom, wechselt aber im Oktober 1971 nach sechs Jahren

---

Die guten Ratschläge beherzige ich schon, es blieb mir vielmehr keine andere Wahl nach dieser grossen Erschöpfung, und ich habe mich also für ein vernünftiges Leben entschieden, das sieht so aus: ich schwimme jeden Tag ein oder zwei Stunden, ein Luxus ist es zwar, aber wenn man eine genaue Rechnung macht, dann kommt es billiger als Ärzte und Medikamente, und das Aufwärtsgehen spüre ich fast von Tag zu Tag. Auch ist es so besser für mich, denn ein Kurort mit lauter kranken Leuten würde mich doch nur deprimieren. Die Sorgenzeit ist also vorbei. *Brief vom März 1971*

die Wohnung. Schon kurz nach dem Einzug in das Haus in der Bocca di Leone erwähnt sie Johnson gegenüber die Belästigung durch ein Wiener Bierlokal, »weil die Abgase auf meine Terrasse anstatt in den Himmel gehen«. Zu der Geruchs- kommt noch die Lärmbelästigung hinzu, über die sie Johnson 1970 einen humorvollen Bericht abstattet: »... ein Lärm, der einem die Nerven durchscheuert, muß sein wie die fünfhundertsiebzigste Aufführung eines Broadwaystücks, man muß wachend, schlafend, teetrinkend, lesend, tippend wissen, aha! jetzt kommt das, jetzt Ugo, jetzt Domenico, jetzt die Nachrichten, jetzt der Krimi, jetzt Italowestern, jetzt der Hund von oben rechts, und wenn man dann plötzlich aufsteht mit rasenden Kopfschmerzen und in die Bar hinunterläuft, dann sind Geräusche wirklich ein voller und nicht mehr zu leugnender Erfolg, dann haben sie sich endgültig durchgesetzt.« Aus den lebhaften Gassen des Zentrums zieht Bachmann in eine ruhi-

66 Sommer 1972 bei der Familie in Klagenfurt. Mutter Olga (links) und Vater Matthias Bachmann (rechts), Cousine Justine Halmuk (Mitte)

ge, nahe dem Tiber gelegene Gegend, in den Palazzo Sacchetti in der Via Giulia 66. Die Maisonettewohnung in dem Renaissancepalast aus dem 16. Jahrhundert ist größer als die bisherige Unterkunft; schräg gegenüber liegt das Haus Nr. 102, wo sie Anfang 1961 für kurze Zeit mit Max Frisch lebte.

An den ›Todesarten‹ arbeitet Bachmann vorläufig nicht weiter, da der Piper Verlag auf den Erzählband ›Simultan‹ wartet. In ›Simultan‹ treten einige Figuren aus ›Malina‹ und den anderen ›Todesarten‹ auf, die Erzählungen »hatten immer mit Personen zu tun, die am Rande von meinem Hauptbuch lebten, aber dort keinen Platz fanden, Wien aber mitbevölkerten in meinen Gedanken«, wie Bachmann in einer Notiz schreibt. Manche Anspielungen zur Vor- oder Nachgeschichte einer Figur erschließen sich erst aus der Kenntnis der anderen Texte. In diesem Verfahren verknüpft Bachmann die Geschichten untereinander und den Erzählzyklus mit den ›Todesarten‹; der Titel ›Simultan‹ erhält somit eine doppelte Bedeutung, heißt doch schon die erste Erzählung über die Simultandolmetscherin Nadja so. Das Vorbild für die zyklische Erzählform ist Balzacs ›Die menschliche Komödie‹.

Für ›Simultan‹ ist zudem das Werk Joseph Roths, der in seinen Romanen einen geschlossenen Raum aus Figuren, Orten und Zeit geschaffen hat, von großer Bedeutung. In ›Drei Wege zum See‹, der letzten Erzählung von Bachmanns Zyklus, wird durch die Figur Trotta eindeutig auf die Familiendynastie der Trottas aus Roths Österreich-Romanen ›Radetzkymarsch‹ (1932) und ›Die Kapuzinergruft‹ (1938) Bezug genommen. Bachmann knüpft in sämtlichen ›Simultan‹-Erzählungen an Roths ›Trotta‹-Ro-

67 Via Giulia 66

mane an und führt das Figurenensemble zeitgemäß fort. In dieser Hinwendung an Österreich verklärt sie nicht die Heimat, sondern setzt sich kritisch mit dem »Habsburgischen Mythos« auseinander.

Charakteristisch für Roths Texte sind die Fluchtmanöver der Figuren, indem sie einer sie bedrängenden Wirklichkeit mit Schlaf, Taubheit, Blindheit, Drogen, Arbeit oder Unrast entfliehen. In Bachmanns ›Probleme Probleme‹ entkommt Beatrix im Schlaf ihrer »Heidenangst vor dem Leben«. Miranda in ›Ihr glücklichen Augen‹ betrachtet ihre Kurzsichtigkeit als »Geschenk des Himmels«, und es »erstaunt sie, wie die anderen Menschen das jeden Tag aushalten, was sie sehen und mit ansehen müssen«. In ›Das Gebell‹ schützt sich die alte Frau Jordan durch Schwerhörigkeit vor ihrer Umwelt. Bachmann spielt in jeder der drei Erzählungen in der Mitte des Zyklus exemplarisch ein Fluchtmanöver durch und zeigt den begrenzten Horizont dieser Figuren. Vor politischen und gesellschaftlichen Problemen kapitulieren diese, und im Rückzug auf sich selbst verfehlen sie ihr Leben. In den Rahmenerzählungen, ›Simultan‹ und ›Drei Wege zum See‹, sind die zwei Karrierefrauen Nadja und Elisabeth Matrei, eine Dolmetscherin und eine Journalistin, zwar reflektiert und politisch-gesellschaftlich engagiert, doch gelingt es auch ihnen nicht, sich ihrem Leben zu stellen. Beide betäuben sich mit Arbeit und Rastlosigkeit, mit Alkohol und Tabletten; sie leben allein im Heute, ohne Bewusstsein für die Vergangenheit und die Zukunft. ›Simultan‹ ist im gesamten Tonfall ein Gegenentwurf zu den monströsen Geschichten der ›Todesarten‹. Die Leichtigkeit dieser Erzählungen ist allerdings ebenso doppelbödig wie die in Joseph Roths Romanen. In einer zweiten Textschicht wird die ironisch-distanzierte Behandlung trivialer Figuren kenntlich: Schichten- oder gruppenspezifische Sprechweisen wie die des Jetsets, des Klein-

Auch von einer Erholung kann nicht die Rede sein, denn jetzt ruft Pipern nach mir, und ich bin so schrecklich müde, froh, aber eben müde.

An Uwe Johnson, 14. Januar 1971

bürgertums, die von Mann und Frau werden als trivial und phrasenhaft entlarvt. Die Sprachkritik wird damit zur Gesellschaftskritik. In dieser Leichtigkeit gelangt Ingeborg Bachmann zu einer neuen Stufe des Erzählens.

›Drei Wege zum See‹ bildet den Abschluss von ›Simultan‹ und ragt nicht nur durch den Umfang von 100 Seiten aus dem Zyklus heraus. Es ist zudem der letzte zu Lebzeiten begonnene und abgeschlossene Text von Ingeborg Bachmann, den sie bei einem Familienbesuch in Klagenfurt im Spätsommer 1971 konzipiert und anschließend niederschreibt. Die Protagonistin Elisabeth Matrei reist nach Klagenfurt, wo sie ihren Vater und ihre Kindheitsorte besucht. Als bekannte Fotojournalistin, die von einem Kriegsschauplatz zum nächsten hetzt, kommt sie in der Ruhe des Elternhauses zum Nachdenken über ihr Leben und ihre Arbeit. Sie erinnert sich ihrer Liebesbeziehungen, von denen die zu Franz Joseph Eugen Trotta die »unfaßlichste, die schwierigste zugleich« war. Trotta habe sie zum Bewusstsein vieler Dinge gebracht, und indem er seine Kritik an ihrer journalistischen Tätigkeit formulierte, sie letztlich in ihrem Selbstverständnis erschüttert: »... man schaut sich doch Tote nicht zur Stimulierung von Gesinnung an«, so Trotta. Das Geschehen in der Erzählung ist eingerahmt von den Kriegen in Algerien und Vietnam, ebenso finden die Pariser Studentenunruhen von 1968 Erwähnung. Bachmann zeigt anhand des Dokumentationswahns dieser Jahre, dass sensationelle Reportagen ihren Zweck, die Menschen aufzurütteln, verfehlen. Diese Erkenntnis unterstreicht ein in der Erzählung erwähnter Aufsatz, mit dem deutlich Jean Amérys Essay ›Die Tortur‹ gemeint ist. Améry setzt sich in diesem Essay mit der Folter auseinander, der er unter den Nazis ausgesetzt war. Die Unmöglichkeit der Vergegenwärtigung von Folter und Verbrechen, wie sie Améry beschreibt, formuliert auch Bachmanns Trotta; ebenso werden

Jean Améry (1912–78) erkennt sich in der Figur des Trotta wieder und veröffentlicht eine überschwängliche Rezension zu ›Simultan‹, eineinhalb Jahre später den Nachruf ›Am Grabe einer ungekannten Freundin‹. Am 17. Oktober 1978, dem fünften Todestag von Ingeborg Bachmann, reist Jean Améry aus dem Brüsseler Exil nach Salzburg, wo er sich umbringt. Der Trotta in ›Drei Wege zum See‹ reiste aus dem Pariser Exil nach Wien, wo er sich erschoss.

andere Ansichten Amérys – Heimatverlust und Exilerfahrung – auf diese Weise in die Erzählung ›Drei Wege zum See‹ integriert.

In dieser Erzählung und dem gesamten Zyklus ›Simultan‹ dringt die Enttäuschung über die politischen Verhältnisse durch. Auch die Studentenbewegung, die 1972, bei Erscheinen des Buches, ihre revolutionäre Kraft schon eingebüßt hat, brachte keine wirkliche Veränderung. Ernüchtert fragt sich Elisabeth Matrei angesichts der Studentenunruhen im Mai 1968 in Paris: »Nur, wo war der Mai geblieben?« In der Dankesrede für den Anton-Wildgans-Preis äußert Ingeborg Bachmann ihre Resignation über die Wirkungslosigkeit von Literatur, »so weiß ich doch, daß ich nichts bewirkt habe auf diese Weise, ich habe noch keinen Krieg beenden können, denn Schriftsteller verfügen über keine Macht, keinen Einfluß.«

Nachdem schon ›Malina‹ als »schwarzes Spiegelbild« der im gleichen Jahr erschienenen ›Love Story‹ bezeichnet wurde, fällt ›Simultan‹ in der Kritik völlig durch. Insbesondere die drei Erzählungen in der Mitte werden mit dem Etikett »Trivialliteratur« versehen. Die gröbste und verletzendste Fehleinschätzung stammt von Marcel Reich-Ranicki, der das Buch »als Lesestoff für jene Damen, die beim Friseur oder im Wartezimmer des Zahnarztes in Illustrierten blättern«, bezeichnet. Dem Unverständnis, das ihren beiden letzten Büchern in Kritiken entgegenschlägt, steht die positive Resonanz beim Publikum gegenüber, denn ›Malina‹ verkauft sich sehr gut und wird schon bald in mehrere Sprachen übersetzt. Der nächste Text, die Erzählung ›Gier‹, an der Bachmann arbeitet, ist schon vom Verlag angekündigt.

Im März 1973 wird Ingeborg Bachmann schwer vom Tod des Vaters getroffen, an dessen Krankenbett sie noch wacht. Nach den Todesfällen von Paul Celan (April 1970), Giuseppe Ungaretti (Mai 1970) und Peter Szondi (November 1971) ist

---

Ich kenne nur meinen Schreibtisch, der mir verhaßt ist, aber ich würde ihn doch nicht verlassen, wenn es nicht so listige Überredungskünste gäbe wie diesmal die Ihren, die einen aufstehen lassen, erleichtert einen Moment lang, aber schon im nächsten Moment weiß man doch, es war eine Flucht, eine Verführung, und man wünscht sich zurück auf die Galeere. Wer einen dazu zwingt? Niemand natürlich. Es ist ein Zwang, eine Obsession, eine Verdammnis, eine Strafe.

Aus ›Rede zur Verleihung des Anton-Wildgans-Preises‹ (2. Mai 1972)

der Tod von Matthias Bachmann der größte Verlust. Zu der befreundeten Heidi Auer habe sie gesagt, dass ihr Vater der einzige Mann gewesen sei, der sie nicht verlassen habe. Inge von Weidenbaum zufolge sei der Tod ihres Vaters wie eine Katastrophe über sie gekommen. Da sie mit der mörderischen und inzestuösen Vaterfigur in ›Malina‹ einen falschen Verdacht auf ihn gelenkt hatte, wollte sie ihrem nächsten Buch die Widmung voranstellen: »All' uomo più nobile della mia vita«. Dass ihr Vater diese Widmung nicht mehr kennen lernte, habe Bachmann sehr geschmerzt.

Nach der Rückkehr von der Beerdigung in Klagenfurt plant sie, ihren Bruder Heinz Bachmann im Senegal zu besuchen, wo dieser als Geologe beschäftigt ist. Die Reise, die auch gemeinsam mit einem Reporter vom ›Stern‹ nach Mali gehen sollte, kommt dann aus organisatorischen Gründen nicht zu Stande. Im Mai 1973 folgt sie der Einladung des Österreichischen Kulturinstituts in Warschau auf eine Lesereise durch Polen. Hans Marte, der Leiter des Instituts, beschreibt, mit welcher Verehrung Ingeborg Bachmann zuweilen empfangen wird: »In Krakau erwartete man die Dichterin, und man zündete viele Kerzen an, viele, und Blumenduft erfüllte den Vortragssaal. Sie saß mittendrin, wie die ... Gottesmutter von Tschenstochau, und war sichtlich gefangen von so viel Verehrung.« In Polen

68 Hochzeitsbild des Bruders Heinz, August 1971. »Die Hochzeitsbilder, gemacht von einem schäbigen Registry Office ... Robert und Liz immer in der Mitte, Robert lächelnd zu Liz heruntergebeugt, Liz zu ihm lächelnd aufsehend, Elisabeth an der Seite von Liz ... Einen Augenblick kam ihr wieder der Einfall, daß, bei einer kleinen Umgruppierung, man eher Robert und sie für ein Paar halten konnte.« (Aus ›Drei Wege zum See‹, 1972)

sucht sie die Konzentrationslager Auschwitz und Birkenau auf, was sehr erschütternd für sie gewesen sei. Hans Marte berichtet, wie sie in Auschwitz still geweint habe. Ihr schlechter körperlicher und seelischer Zustand bleibt Marte nicht verborgen.

Kurz nach der Polenreise wird Ingeborg Bachmann 47 Jahre alt. Hans Werner Henze bemerkt bei der gemeinsamen Geburtstagsfeier am 1. Juli 1973, dass sie wegen der Tabletten oft »gedankenabwesend« ist und große Schwierigkeiten hat, »einen Satz zu Ende zu sprechen oder jemandem zuzuhören«; sie wolle aber demnächst eine Kur machen. Im August reist Bachmann nach Malta, wo sie Alfred Grisel besucht, der dort das Hilton-Hotel leitet. Der um ihr Wohlergehen besorgte Freund ist »zutiefst erschrocken über das Ausmaß ihrer Tablettensucht. Es müssen an die 100 Stück pro Tag gewesen sein, der Mülleimer ging über von leeren Schachteln. Sie hat schlecht ausgesehen, war wachsbleich. Und am ganzen Körper voller Flecken. Ich rätselte, was es sein konnte. Dann, als ich sah, wie ihr die Gauloise, die sie rauchte, aus der Hand glitt und auf dem Arm ausbrannte, wußte ich's: Brandwunden, verursacht von herabfallenden Zigaretten. Zum erstenmal hatte ich den Mut, mit ihr darüber zu sprechen, und sie ging auch darauf ein: Die Ärzte hatten ihr gesagt, man könnte eine Entziehungskur versuchen – zwei Jahre Dauer, fünf Prozent Erfolgschance. ›Wozu also dann überhaupt?‹« Nach ihrer Rückkehr aus Malta plant Ingeborg Bachmann einen Erholungsaufenthalt im österreichischen Badgastein. Die befreundete Christine Koschel soll sie auf der Fahrt begleiten: Die Abreise soll am 27. September sein.

In der Nacht vom 25. auf den 26. September 1973 kommt es in Ingeborg Bachmanns Wohnung in der Via Giulia 66 zu einem schweren Unfall. Eine brennende Zigarette entzündet im Bad ihr Nachthemd, vorher muss sie bewusstlos geworden

69 Mit Maria Teofili, der Haushälterin und Freundin. Die Aufnahme stammt von Uwe Johnson. ▶

sein. Als sie wieder zu Bewusstsein kommt, kühlt sie in der Badewanne die Wunden und ruft, um fünf Uhr morgens, ihre ehemalige Haushälterin Maria Teofili an. Mit trügerischer Ruhe in der Stimme bittet sie die langjährige Vertraute und Freundin, ihr in einer Apotheke eine Brandsalbe zu besorgen. Als Teofili wenig später an der Wohnungstür klingelt, wird ihr von Ingeborg Bachmann, in eine Decke eingewickelt, die Tür geöffnet; auf dem Badezimmerboden liegt das angekohlte Nachthemd. Maria Teofili bemerkt sofort das Ausmaß der Verbrennungen und ruft die Ambulanz. In der Eile findet sie keine Ausweispapiere und nimmt die italienische Ausgabe von ›Malina‹ als »persönliches Dokument« von Ingeborg Bachmann mit: Sie habe bei der weiblichen Hauptperson des Romans immer an die Verfasserin denken müssen. Mit dem Rettungswagen erreichen sie um sieben Uhr die Klinik Sant' Eugenio.

Mit Verbrennungen zweiten und dritten Grades, von denen 36 % der Körperoberfläche betroffen sind, wird Ingeborg Bachmann in die Klinik eingeliefert. Ihr Zustand ist sehr ernst. Wegen der Gefahr bakterieller Infektion liegt sie unter einem Sauerstoffzelt, und das Zimmer darf nur vom Krankenhauspersonal betreten werden. Anfangs ist sie noch gelegentlich

70 Ingeborg Bachmann stirbt im Krankenhaus Sant'Eugenio in Rom am 17. Oktober 1973

bei Bewusstsein und kann mit Mühe über die Sprechanlage mit Besuchern kommunizieren. Dann fällt sie ins Koma. Die Ärzte rätseln über ihre körperlichen Reaktionen, denn nach der Abtragung der toten Gewebeschichten hätte der Heilungsprozess normal verlaufen können, doch gelingt es den Ärzten nicht, die zerebralen Krampfanfälle unter Kontrolle zu bringen: »Il corpo reagisce bene, é la testa che non va« (»Der Körper reagiert gut, aber der Kopf macht nicht mit«). Die Ärzte suchen nach den Ursachen dieser Zustände, da die schweren Verbrennungen nicht allein dafür verantwortlich sein können. Freunde tragen aus Bachmanns Wohnung sämtliche Medikamente und Arzneimittelverpackungen zusammen, um den Ärzten Anhaltspunkte für eine gezielte Therapie zu geben. Vermut-

Am 11. November 1973 erstatten Pierre Evrard, der Freund seit dem Harvard-Aufenthalt 1955, Hans Werner Henze und dessen Sekretär und Freund Fausto Maroni bei der römischen Staatsanwaltschaft Mordanzeige gegen unbekannt. »Uns erscheint in der Tat, daß dieser angebliche Unfalltod ebenso gut ein Verbrechen sein könnte.« Aufgrund der Ermittlungen und Gutachterbefunde kommt man zu dem Schluss, dass Ingeborg Bachmann an den Folgen der Verbrennungen gestorben ist und niemandem eine strafrechtliche Verantwortung zur Last gelegt werden kann. Am 15. Juni 1974 wird das Verfahren eingestellt.

In einem römischen Krankenhaus ist die intelligenteste und bedeutendste Dichterin, die unser Land in diesem Jahrhundert hervorgebracht hat, an den Folgen von Verbrühungen und Verbrennungen gestorben .... Ich habe mit ihr Reisen unternommen und ich habe auf diesen Reisen viele ihrer philosophischen Ansichten geteilt, auch ihre Ansichten über den Gang der Welt und den Ablauf der Geschichte, von welchem sie zeitlebens erschrocken gewesen war. ... Sie war fortwährend auf der Flucht gewesen und in den Menschen hatte sie immer das gesehen, das sie wirklich sind, die stumpfsinnige, geistlose, rücksichtslose Masse, mit welcher tatsächlich nur zu brechen ist. Sie hatte wie ich schon sehr früh den Zugang zur Hölle ausfindig gemacht und war in diese Hölle hineingegangen, auch auf die Gefahr hin, schon sehr früh in dieser Hölle zugrunde zu gehen.

Aus Thomas Bernhard, ›In Rom‹ (in ›Der Stimmenimitator‹, 1978)

lich ist Seresta das gesuchte Medikament gewesen. An den Folgen der Verbrennungen und den Komplikationen ihrer Tablettenabhängigkeit stirbt Ingeborg Bachmann am 17. Oktober 1973, einem Mittwoch, um sechs Uhr morgens.

Auf Wunsch der Familie wird sie nach Klagenfurt überführt, wo man sie am 25. Oktober auf dem Friedhof Klagenfurt-Annabichl im engsten Familienkreis bestattet.

71 Friedhof Annabichl in Klagenfurt

Zeittafel

1926 25. Juni: in Klagenfurt/Kärnten geboren als erstes Kind des Lehrers Matthias Bachmann (1895–1973) und Olga Bachmann, geb. Haas (1901–98); Wohnung bis 1933 in der Durchlaßstr. 5 (heute 35)

1928 Geburt der Schwester Isolde

1932 Einschulung in die Bismarckschule

1933 Umzug in die Henselstr. 26

1936 Bundesrealgymnasium in Klagenfurt

1938 Staatliche Oberschule für Mädchen (Ursulinen-Gymnasium), Ursulinengasse 5

1939 Geburt des Bruders Heinz; September: Einberufung des Vaters in den Zweiten Weltkrieg

1942 ›Carmen Ruidera. Ein Trauerspiel in fünf Aufzügen‹ (unveröffentlicht)

1943 ›Das Honditschkreuz‹ (Erzählung, postum 1978)

1944 Februar: Matura; September: Abiturientenkurs an der Lehrerbildungsanstalt in Klagenfurt

1945 Kriegsende mit der Familie in Obervellach; Bekanntschaft mit dem britischen Besatzungssoldaten Jack Hamesh; September: Studium der Philosophie in Innsbruck

1946 April: Studium (Philosophie, Nebenfach Jura) in Graz; September: Studium (Philosophie, Nebenfächer Germanistik und Psychologie) in Wien; Zimmer in der Beatrixgasse 26, Wien, 3. Bezirk; 4. August: erste Publikation ›Die Fähre‹ (Erzählung) in der ›Kärntner Illustrierten‹; ›Briefe an Felician‹ (postum 1991)

1947 September: Praktikum in der Nervenheilanstalt »Am Steinhof«; Oktober: Begegnung mit Hans Weigel und Teilnahme an seinem Kreis im Café Raimund, Freundschaft mit Ilse Aichinger; Beginn des Romans ›Stadt ohne Namen‹

1948 16. Mai: Begegnung mit Paul Celan; Dezember: erste Gedichtveröffentlichung in der Zeitschrift ›Lynkeus‹

1949 Juni: Umzug in die Gottfried-Keller-Gasse 13, Wien, 3. Bezirk; acht Erzählungen in der ›Wiener Tageszeitung‹; 19. Dezember: Einreichung der Dissertation ›Die kritische Aufnahme der Existentialphilosophie Martin Heideggers‹

1950 23. März: Promotion; Sommersemester: Vertretung für das Seminar »Philosophie der Gegenwart« an der Universität Wien; ab Oktober bei Paul Celan in Paris; im Dezember Weiterreise nach London

1951 Bekanntschaft mit Elias Canetti, Erich Fried und Hilde Spiel; Februar: Rückkehr nach Wien; Beschäftigung im Sekretariat der amerikanischen Besatzungsbehörde; ab September beim Radiosender Rot-Weiß-Rot (RWR); Abschluss des Romans ›Stadt ohne Namen‹ (verschollen)

1952 16. Februar: erste Folge der von Bachmann initiierten ›Radiofamilie‹; 28. Februar: Sendung des Hörspiels ›Ein Geschäft mit Träumen‹ bei RWR; 4. März: Sendung des übersetzten und bearbeiteten Dramas ›Mannerhouse‹ von Thomas Wolfe bei RWR; 23.–25. Mai: bei der Gruppe 47; 27. Mai: Gedichtlesungen im NWDR; Anfang September: erste Italienreise mit der Schwester Isolde; 8. Oktober: Sendung der Hörspielübersetzung ›The Dark Tower‹ von Louis MacNeice bei RWR; 12./13. Oktober: bei der Tagung der Gruppe 47 auf Burg Berlepsch, Begegnung mit Hans Werner Henze; Rezensionen und Gedichte

1953 22.–24. Mai: bei der Gruppe 47, Preis der Gruppe; Juli: Essay über Ludwig Wittgenstein in ›Frankfurter Hefte‹; 31. Juli: Kündigung bei RWR; 9. August: Ankunft auf Ischia; Oktober: Tagung der Gruppe 47; Dezember: erste Buchveröffentlichung ›Die gestundete Zeit‹

1954 Januar: Zimmer in der Via di Ripetta 226 in Rom; Februar: Essay über Robert Musil in ›Akzente‹; April: Wohnung an der Piazza della Quercia 1; April: Tagung der Gruppe 47; Mai: Rundfunkessay ›Der Mann ohne Eigenschaften‹; ab Juli Romkorrespondentin für Radio Bremen (bis Juni 1955), ab November auch für die ›Westdeutsche Allgemeine Zeitung‹ (bis September 1955); 18. August ›Spiegel‹-Titelgeschichte über I. B.

1955 Februar: ›Was ich in Rom sah und hörte‹ (Essay) in ›Akzente‹; 25. März: Sendung des Hörspiels ›Die Zikaden‹ beim NWDR; Juli/August: in den USA beim Seminar »Harvard Summer School of Arts and Sciences and Education«; anschließend in Klagenfurt, Wien und Paris; geplante Übersiedlung nach Griechenland

1956 Januar bis August: bei Henze in Neapel; August: Ischia- und Venedigreisen; Au-

gust bis November: in Klagenfurt, Berlin, München und Paris; zweiter Gedichtband ›Anrufung des Großen Bären‹
1957 Januar: Wohnung in der Via Vecchiarelli 38 in Rom; 26. Januar: Verleihung des Bremer Literaturpreises; August: in Neapel bei Henze; 20. Oktober: Henzes ›Nachtstücke‹ nach Gedichten von I. B. bei den Donaueschinger Musiktagen uraufgeführt; ab November als freie Dramaturgin beim Bayerischen Fernsehen in München; Dezember: Wohnung in der Franz-Joseph-Str. 9a in München-Schwabing; Neuauflage von ›Die gestundete Zeit‹ bei Piper
1958 April: Beitritt zum »Komitee gegen die Atomrüstung«; 13. Mai: Radioessay über Marcel Proust; 29. Mai: Erstsendung des Hörspiels ›Der gute Gott von Manhattan‹ beim BR und NDR; 3. Juli: Begegnung mit Max Frisch in Paris; August: bei Henze in Neapel, Arbeit an der Oper ›Der Prinz von Homburg‹; November: in Frischs Wohnung, Feldeggstr. 21, Zürich
1959 Februar: Umzug mit Frisch ins Haus am Langenbaum in Uetikon am See; 17. März: Verleihung des Hörspielpreises der Kriegsblinden in Bonn; Oktober: Arbeitswohnung in der Kirchgasse 33, Zürich; 23.–25. Oktober: Tagung der Gruppe 47, Begegnung mit Uwe Johnson; 11. November: erste Poetik-Vorlesung an der Universität Frankfurt/M., Bekanntschaft mit Theodor Adorno; Aufnahme in den P.E.N.-Club
1960 8. Januar: Premiere von Henzes Ballettpantomime ›Der Idiot‹ mit der neuen Textfassung von I. B. im Titania Palast, Berlin; 24. Februar: fünfte und letzte Poetik-Vorlesung in Frankfurt/M.; März: mit Frisch in Klagenfurt; 29. März–1. April: Teilnahme am Lyrik-Symposium in Leipzig; 22. Mai: Uraufführung von Henzes Oper ›Der Prinz von Homburg‹, Libretto von I. B., Staatsoper Hamburg; 25. Mai: Treffen mit Paul Celan, Nelly Sachs und Max Frisch in Zürich; im August: mit Frisch in Spanien
1961 erstes Halbjahr: Wohnung mit Frisch in der Via Giulia 102 in Rom, Juni Via de Notaris 1f; Mai: mit Frisch in Griechenland; ›Das dreißigste Jahr‹ und ›Giuseppe Ungaretti: Gedichte‹ in der Übertragung von I. B.; September: Unterstützung Paul Celans in der »Goll-Affäre«; November: Lesung in Berlin; Berliner Kritikerpreis und Mitglied der Berliner Akademie der Künste
1962 Juni: New-York-Reise und Treffen mit Hannah Arendt; September: Trennung von Frisch; Wohnung in der Kirchgasse 33, Zürich; 10. Dezember–10. Januar 1963: Aufenthalt in der Bircher-Benner-Klinik in Zürich
1963 ab April einjähriges Arbeitsstipendium der Ford Foundation für die Berliner Akademie der Künste, ab Juni Wohnung in der Koenigsallee 35 in Berlin; 10. Juli: Klage gegen den CDU-Politiker Josef Hermann Dufhues; Aufenthalt im Berliner Martin-Luther-Krankenhaus; erste Erwähnung des Titels ›Todesarten‹
1964 Januar und Februar: Reisen mit Adolf Opel nach Prag, Ende April über Athen nach Ägypten; Mitte Juni: Rückkehr nach Berlin und Arbeit am ›Wüstenbuch‹ und der Büchner-Preisrede; September: Kurklinik in St. Moritz; 17. Oktober: Verleihung des Georg-Büchner-Preises in Darmstadt, Dankesrede publiziert als ›Ein Ort für Zufälle‹ (1965); Dezember: beim Premio Etna-Taormina auf Sizilien, Begegnung mit Anna Achmatowa
1965 7. April: Uraufführung von Henzes Oper ›Der junge Lord‹ nach dem Libretto von I. B., Deutsche Oper Berlin; August: Frankreichaufenthalt; September: Teilnahme bei einer Wahlkampfveranstaltung der SPD in Bayreuth; November: Umzug nach Rom, Via Bocca di Leone 60
1966 9. Januar: erste Lesung aus ›Der Fall Franza‹ in Zürich; 22.–25. März: Lesungen in Hamburg, Hannover, Berlin, Lübeck; ab April in Klagenfurt, Baden-Baden, Salzburg; Oktober: Werbetexte für Olivetti
1967 23. Januar: Uraufführung von Henzes ›Chorfantasie‹ nach Gedichten von I. B.; März/April: Trennung vom Piper und Wechsel zum Suhrkamp Verlag; Beginn der Arbeit an ›Malina‹
1968 7. Oktober: ›Simultan‹ (Erzählung) im NDR gesendet; November: ›Vier Gedichte‹ in ›Kursbuch‹; 21. November: Verleihung des Großen Österreichischen Staatspreises für Literatur, Begegnung mit Thomas Bernhard
1969 März: in St. Moritz; Mai: in St. Tropez; 7. November: ›Ihr glücklichen Augen‹ (Erzählung) im NDR gesendet
1970 Januar: in St. Moritz; Juli/August: in Klagenfurt; November: Schlüsselbeinverletzung; Dezember: Abschluss von ›Malina‹
1971 Januar: Aufenthalt in Frankfurt/M. und Wien; März: Erscheinen von ›Malina‹; März/April: Lesereise durch Deutschland; August: Urlaub mit Fleur Jaeggy in Süditalien; Oktober: auf Mal-

ta; Umzug in den Palazzo Sacchetti in der Via Giulia 66; November: Lesereise durch Deutschland

1972 2. Mai: Verleihung des Anton-Wildgans-Preises in Wien; 13./14. Mai: ›Das Gebell‹ (Erzählung) in der ›Süddeutschen Zeitung‹; im Herbst: ›Simultan‹ (Erzählungen); Oktober: auf Malta; November: Auftrag für ein Theaterstück des Burgtheaters Wien

1973 18. März: Tod des Vaters; Mai: Lesereise durch Polen; August: auf Malta; Nacht vom 25. auf den 26. September: Brandunfall in der Wohnung in der Via Giulia 66; 17. Oktober: Tod an den Folgen der schweren Verbrennungen und des Medikamentenentzugs in der Klinik Sant'Eugenio in Rom; 25. Oktober: Beisetzung auf dem Friedhof Klagenfurt-Annabichl

Bibliografie

Werke

Werke 1–4. Hrsg. von Christine Koschel, Inge von Weidenbaum und Clemens Münster, München, Zürich 1978, 1993

Bd. 1: Gedichte, Hörspiele, Libretti, Übersetzungen

Bd. 2: Erzählungen

Bd. 3: Todesarten: Malina und unvollendete Romane

Bd. 4: Essays, Reden, Vermischte Schriften, Anhang

Wir müssen wahre Sätze finden. Gespräche und Interviews. Hrsg. von Christine Koschel und Inge von Weidenbaum, München, Zürich 1983

Die kritische Aufnahme der Existentialphilosophie Martin Heideggers. Hrsg. von Robert Pichl, München, Zürich 1985

Briefe an Felician. Hrsg. von Isolde Moser. Mit acht Kupferaquatinta-Radierungen von Peter Bischof, München, Zürich 1991, 1992

›Todesarten‹-Projekt. Kritische Ausgabe. Unter Leitung von Robert Pichl hrsg. von Monika Albrecht, Dirk Göttsche, München, Zürich 1995

Bd. 1: Todesarten, Ein Ort für Zufälle, Wüstenbuch, Requiem für Fanny Goldmann, Goldmann/Rottwitz-Roman und andere Texte

Bd. 2: Das Buch Franza. Entwürfe und Vorstufen. Edierte Hauptfassung, Zwischenstufen, Paralipomena, Lesungsvorlagen 1967

Bd. 3.1: Malina. Entwürfe und Vorstufen. Edierte Druckfassung

Bd. 3.2: Malina. Herausgenommene Textteile, Paralipomena

Bd. 4: Simultan-Band und andere spätere Erzählungen

Römische Reportagen. Eine Wiederentdeckung. Hrsg. und mit einem Nachwort versehen von Jörg-Dieter Kögel, München, Zürich 1998

Letzte, unveröffentlichte Gedichte. Ed. und kom. von Hans Höller, Frankfurt/M. 1998

Ich weiß keine bessere Welt. Unveröffentlichte Gedichte. Hrsg. von Isolde Moser, Heinz Bachmann und Christian Moser, München, Zürich 2000

Nachlass

Der literarische Nachlass mit etwa 8000 Manuskriptseiten befindet sich in der Österreichischen Nationalbibliothek in Wien. Siehe hierzu: Registratur des literarischen Nachlasses von Ingeborg Bachmann, hrsg. von Robert Pichl. Aus den Quellen erarbeitet von Christine Koschel und Inge von Weidenbaum, Wien 1981 sowie: Neue Teilregistratur des literarischen Nachlasses in der Österreichischen Nationalbibliothek. Unter Leitung von Robert Pichl erarbeitet von Monika Albrecht und Dirk Göttsche, Wien 1995. Der private Nachlass mit etwa 300 Manuskriptseiten aus Tagebuchblättern und literarischen Entwürfen sowie sämtliche Briefe sind bis zum Jahre 2025 gesperrt.

Audio

Gedichte 1948–1957, gelesen von Ingeborg Bachmann. Hörbuch Verlag, 1 Toncassette, München 1995

Der gute Gott von Manhattan, Sprecher: Charles Regnier, Martin Benrath, Gustl Halenke, Regie: Gert Westphal. Hörbuch Verlag, 1 Toncassette, München 1996

Ein Geschäft mit Träumen / Alles / Probleme Probleme, Sprecher: Hans Eckardt, Gabriele Lehner. Verlag und Studio für Hörbuchproduktionen, 2 CDs, Marburg/Lahn 1999

Ich weiß keine bessere Welt. Unveröffentlichte Gedichte, gelesen von Therese Affolter.

Verlag und Studio für Hörbuchproduktionen, 1 CD,Marburg/Lahn 2001
Der junge Lord. Musik von Hans Werner Henze, Libretto von Ingeborg Bachmann, Dirigent: Christoph von Dohnányi, Chor und Orchester der Deutschen Oper Berlin, 2 CDs. Deutsche Grammophon, Hamburg 1996

Biografisches
Baumgart, Reinhard (Hrsg.): Einsam sind alle Brücken. Autoren schreiben über Ingeborg Bachmann, München 2001
Hamm, Peter (Regie): Der ich unter Menschen nicht leben kann. Eine Recherche. Fernsehfilm, Koproduktion NDR/SWF/WDR 1980, Erstsendung: 11.9.1980
Hapkemeyer, Andreas (Hrsg.): Ingeborg Bachmann. Bilder aus ihrem Leben, München 1983, 1987
Hapkemeyer, Andreas: Ingeborg Bachmann. Entwicklungslinien in Werk und Leben, Wien 1991
Henze, Hans Werner: Reiselieder mit böhmischen Quinten. Autobiographische Mitteilungen 1926–1995, Frankfurt/M. 1996
Höller, Hans: Ingeborg Bachmann, Reinbek 1999
Johnson, Uwe: Eine Reise nach Klagenfurt, Frankfurt/M. 1974
Koschel, Christine, Inge von Weidenbaum: Ingeborg Bachmanns Tod: ein Unfall. Protokoll der Umstände ihres Sterbens. Süddeutsche Zeitung, 30.12.1980
Opel, Adolf: Ingeborg Bachmann in Ägypten. ›Landschaft, für die Augen gemacht sind‹. Fotografiert von Kurt-Michael Westermann, Wien 1996
Richter, Hans Werner: Radfahren im Grunewald. Ingeborg Bachmann, in: ders.: Im Etablissement der Schmetterlinge. Einundzwanzig Portraits aus der Gruppe 47, München, Wien 1986
Weigel, Hans: Ingeborg Bachmann, in: ders.: In Memoriam, Graz 1979

Gesamtdarstellungen
Bartsch, Kurt: Ingeborg Bachmann, Stuttgart 1988, 1997
Beicken, Peter: Ingeborg Bachmann, München 1988
Golisch, Stefanie: Ingeborg Bachmann zur Einführung, Hamburg 1997
Höller, Hans: Ingeborg Bachmann. Das Werk. Von den frühesten Gedichten bis zum ›Todesarten‹-Zyklus, Frankfurt/M. 1987, 1993
Weigel, Sigrid: Ingeborg Bachmann. Hinterlassenschaften unter Wahrung des Briefgeheimnisses, Wien 1999

Sammelbände
Albrecht, Monika, Dirk Göttsche (Hrsg.): »Über die Zeit schreiben«. Literatur- und kulturwissenschaftliche Essays zu Ingeborg Bachmanns ›Todesarten‹-Projekt, Würzburg 1998
Albrecht, Monika, Dirk Göttsche (Hrsg.): »Über die Zeit schreiben 2«. Literatur- und kulturwissenschaftliche Essays zu Ingeborg Bachmanns ›Todesarten‹-Projekt, Würzburg 2000
Böschenstein, Bernhard, Sigrid Weigel (Hrsg.): Ingeborg Bachmann und Paul Celan. Poetische Korrespondenzen. Vierzehn Beiträge, Frankfurt/M. 1997
Brokoph-Mauch, Gudrun, Annette Daigger (Hrsg.): Ingeborg Bachmann. Neue Richtungen in der Forschung?, St. Ingbert 1995
du, Die Zeitschrift für Kultur, Heft Nr. 9, Ingeborg Bachmann: Das Lächeln der Sphinx, Zürich 1994
Göttsche, Dirk, Hubert Ohl (Hrsg.): Ingeborg Bachmann – Neue Beiträge zu ihrem Werk, Würzburg 1993
Heidelberger-Leonard, Irene (Hrsg.): ›Text-Tollhaus für Bachmann-Süchtige?‹ Lesarten zur kritischen Ausgabe von Ingeborg Bachmanns Todesarten-Projekt, Opladen 1998
Höller, Hans (Hrsg.): Der dunkle Schatten, dem ich schon seit Anfang folge: Ingeborg Bachmann – Vorschläge zu einer neuen Lektüre des Werks, Wien, München 1982
Koschel, Christine, Inge von Weidenbaum (Hrsg.): Kein objektives Urteil – nur ein lebendiges. Texte zum Werk von Ingeborg Bachmann, München 1989
Modern Austrian Literature [Sonderband zu Ingeborg Bachmann], Nr. 19, Riverside 1985
Patillo-Hess, John, Wilhelm Petrasch (Hrsg.): Ingeborg Bachmann. Die Schwarzkunst der Worte, Wien 1995
Pichl, Robert, Alexander Stillmark (Hrsg.): Kritische Wege der Landnahme. Ingeborg Bachmann im Blickfeld der neunziger Jahre, Wien 1994
Stanonik, Ianez (Hrsg.): Acta Neophilologica. Sonderband: Ingeborg Bachmann, Ljubljana 1984
Stoll, Andrea (Hrsg.): Ingeborg Bachmanns ›Malina‹, Frankfurt/M. 1992
Text+Kritik, hrsg. von Heinz Ludwig Arnold. Sonderbände zu Ingeborg Bachmann 1964, 1971, 1976, 1980, 1995

Lyrik, Libretti und Musik
Beck, Thomas: Bedingungen librettistischen Schreibens. Die Libretti Ingeborg Bachmanns für Hans Werner Henze, Würzburg 1997
Caduff, Corina: »dadim dadam« – Figuren der Musik in der Literatur Ingeborg Bachmanns, Köln, Weimar, Wien 1998
Grell, Petra: Ingeborg Bachmanns Libretti, Frankfurt/M. 1995
Kucher, Primus Heinz, Luigi Reitani (Hrsg.): ›In die Mulde meiner Stummheit leg ein

Wort ...‹ Interpretationen zur Lyrik Ingeborg Bachmanns, Wien 2000
Spiesecke, Hartmut: Ein Wohlklang schmilzt das Eis. Ingeborg Bachmanns musikalische Poetik, Berlin 1993

›Das dreißigste Jahr‹ und ›Simultan‹
Bannasch, Bettina: Von vorletzten Dingen. Schreiben nach ›Malina‹: Ingeborg Bachmanns ›Simultan‹-Erzählungen, Würzburg 1997
Dippel, Almut: ›Österreich – das ist etwas, das immer weitergeht für mich.‹ Zur Fortschreibung der ›Trotta‹-Romane Joseph Roths in Ingeborg Bachmanns ›Simultan‹, St. Ingbert 1995
Dusar, Ingeborg: Choreographien der Differenz. Ingeborg Bachmanns Prosaband Simultan, Köln, Weimar, Wien 1994
Hoell, Joachim: Mythenreiche Vorstellungswelt und ererbter Alptraum. Ingeborg Bachmann und Thomas Bernhard, Berlin 2000
Töller, Ursula: Erinnern und Erzählen. Studie zu Ingeborg Bachmanns Erzählband ›Das dreißigste Jahr‹, Berlin 1998

›Malina‹ und ›Todesarten‹
Albrecht, Monika: »Die andere Seite«. Zur Bedeutung von Werk und Person Max Frischs in Ingeborg Bachmanns ›Todesarten‹, Würzburg 1989
Bauer, Edith: Drei Mordgeschichten: intertextuelle Referenzen in Ingeborg Bachmanns ›Malina‹, Frankfurt/M. 1998
Bennholdt-Thomsen, Anke: Das Traumzitat als Medium »imaginärer« Biographik bei Thomas Bernhard und Ingeborg Bachmann, in: Querelles. Jahrbuch für Frauenforschung, Biographisches Erzählen. Hrsg. von Irmela von der Lühe und Anita Runge, Berlin 2001
Brachmann, Jens: Enteignetes Material. Zitathaftigkeit und narrative Umsetzung in Ingeborg Bachmanns ›Malina‹, Wiesbaden 1999
Brüns, Elke: Apokryphe Erinnerung. Zu den intertextuellen Bezügen von Ingeborg Bachmanns ›Malina‹ und Hans Weigels ›Unvollendete Symphonie‹, in: Zeitschrift der Philosophie 113 (1994), 277–292
Gutjahr, Ortrud: Fragmente unwiderstehlicher Liebe. Zur Dialogstruktur literarischer Subjektentgrenzung in Ingeborg Bachmanns ›Der Fall Franza‹, Würzburg 1988
Kanz, Christine: Angst und Geschlechterdifferenzen. Ingeborg Bachmanns ›Todesarten‹-Projekt in Kontexten der Gegenwartsliteratur, Stuttgart 1999
Schneider, Jost: Die Kompositionsmethode Ingeborg Bachmanns. Erzählstil und Engagement in ›Das dreißigste Jahr‹, ›Malina‹ und ›Simultan‹, Bielefeld 1999

Rezeption
Amann, Klaus: »Denn ich habe zu schreiben. Und über den Rest hat man zu schweigen«. Ingeborg Bachmann und die literarische Öffentlichkeit, Klagenfurt 1997
Hotz, Constance: ›Die Bachmann‹: das Image der Dichterin. Ingeborg Bachmann im journalistischen Diskurs, Konstanz 1990
Schardt, Michael Matthias (Hrsg.): Über Ingeborg Bachmann. Rezensionen – Porträts – Würdigungen (1952–1992). Rezeptionsdokumente aus vier Jahrzehnten, Paderborn 1994

Sonstiges
Agnese, Barbara: Der Engel der Literatur. Zum philosophischen Vermächtnis Ingeborg Bachmanns, Wien 1996
Gehle, Holger: NS-Zeit und literarische Gegenwart bei Ingeborg Bachmann, Wiesbaden 1995
Huml, Ariane: Silben im Oleander, Worte im Akaziengrün. Zum literarischen Italienbild Ingeborg Bachmanns, Göttingen 1999
Swiderska, Malgorzata: Die Vereinbarkeit des Unvereinbaren: Ingeborg Bachmann als Essayistin, Tübingen 1989

Bild- und Textnachweis

Archiv für Kunst und Geschichte, Berlin 12, 22, 26
›Der Spiegel‹, Hamburg 33
dpa, Frankfurt 35
Ingeborg Bachmanns Erben 1, 2, 3, 4, 7, 8, 9, 10, 13, 15, 16, 17, 18, 19, 28, 29, 30, 31, 32, 38, 39, 43, 44, 50, 55, 56, 59, 60, 61, 64, 65, 66, 68, 69
Grass, Günter/Wagenbach Verlag, Berlin 54
Hoell, Joachim, Berlin 5, 6, 14, 20, 21, 24, 36, 37, 40, 42, 48, 51, 52, 53, 58, 63, 67, 70, 71
Hubmann, Franz, Wien 25
Max-Frisch-Archiv, Zürich 41
Moses, Stefan, München 34, 57
Peyer, Fritz, Hamburg 46
Schiller-Nationalmuseum und Deutsches Literaturarchiv, Marbach 23, 27, 45, 49, 62
Ullstein Bilderdienst, Berlin 47
© der bislang nicht veröffentlichten Texte Ingeborg Bachmanns bei Ingeborg Bachmanns Erben
© der aller publizierten Bachmann-Texte (außer ›Malina‹) sowie des »genetischen Überblicks« des ›Todesarten‹-Projekts auf S. 130 beim Piper Verlag, München

Die Rechte der hier nicht aufgeführten Abbildungen liegen beim Herausgeber oder konnten nicht ausfindig gemacht werden. Berechtigte Ansprüche werden selbstverständlich angemessen abgeglichen.

Personenregister

dtv portrait

Herausgegeben von Martin Sulzer-Reichel
Originalausgaben

Biographien bedeutender Frauen und Männer aus Geschichte, Literatur, Philosophie, Kunst und Musik

Hannah Arendt. Von Ingeborg Gleichauf. dtv 31029
Johann Sebastian Bach. Von Malte Korff. dtv 31030
Ingeborg Bachmann. Von Joachim Hoell. dtv 31051
Thomas Bernhard. Von Joachim Hoell. dtv 31041
Hildegard von Bingen. Von Michaela Diers. dtv 31008
Otto von Bismarck. Von Theo Schwarzmüller. dtv 31000
Die Geschwister Brontë. Von Sally Schreiber. dtv 31012
Giordano Bruno. Von Gerhard Wehr. dtv 31025
Georg Büchner. Von Jürgen Seidel. dtv 31001
Frédéric Chopin. Von Johannes Jansen. dtv 31022
Joseph Conrad. Von Renate Wiggershaus. dtv 31034
Hedwig Courths-Mahler. Von Andreas Graf. dtv 31035
Annette von Droste-Hülshoff. Von Winfried Freund. dtv 31002
Elisabeth von Österreich. Von Martha Schad. dtv 31006
Theodor Fontane. Von Cord Beintmann. dtv 31003
Sigmund Freud. Von Peter Schneider. dtv 31021
Friedrich II. von Hohenstaufen. Von Ekkehart Rotter. dtv 31040
Max Frisch. Von Lioba Waleczek. dtv 31045
Johann Wolfgang von Goethe. Von Anja Höfer. dtv 31015
Jimi Hendrix. Von Corinne Ullrich. dtv 31037
Alfred Hitchcock. Von Enno Patalas. dtv 31020
Jesus von Nazaret. Von Dorothee Sölle und Luise Schottroff. dtv 31026
Franz Kafka. Von Detlev Arens. dtv 31047
Immanuel Kant. Von Wolfgang Schlüter. dtv 31014
Erich Kästner. Von Isa Schikorsky. dtv 31011
Heinrich von Kleist. Von Peter Staengle. dtv 31009
John Lennon. Von Corinne Ullrich. dtv 31036
Ludwig II. Von Martha Schad. dtv 31033
Stéphane Mallarmé. Von Hans Therre. dtv 31007
Klaus Mann. Von Armin Strohmeyr. dtv 31031
Maria Theresia. Von Edwin Dillmann. dtv 31028
Jim Morrison. Von Ingeborg Schober. dtv 31049
Nostradamus. Von Frank Rainer Scheck. dtv 31024
Edgar Allan Poe. Von Frank Zumbach. dtv 31017
Rainer Maria Rilke. Von Stefan Schank. dtv 31005
Arnold Schönberg. Von Matthias Henke. dtv 31046
Sokrates. Von Eva-Maria Kaufmann. dtv 31027
John Steinbeck. Von Annette Pehnt. dtv 31010
Johan August Strindberg. Von Rüdiger Bernhardt. dtv 31013
Giuseppe Verdi. Von Johannes Jansen. dtv 31042
Oscar Wilde. Von Jörg W. Rademacher. dtv 38038